Rudolf Schneider

Der zweite Teil des Wartburgkrieges und dessen Verhältniss zum Lohengrin

Rudolf Schneider

Der zweite Teil des Wartburgkrieges und dessen Verhältniss zum Lohengrin

ISBN/EAN: 9783743300248

Hergestellt in Europa, USA, Kanada, Australien, Japan

Cover: Foto ©ninafisch / pixelio.de

Manufactured and distributed by brebook publishing software (www.brebook.com)

Rudolf Schneider

Der zweite Teil des Wartburgkrieges und dessen Verhältniss zum Lohengrin

DER ZWEITE THEIL
DES
WARTBURGKRIEGES
UND DESSEN VERHÄLTNISS
ZUM LOHENGRIN.

INAUGURALDISSERTATION
ZUR ERLANGUNG
DER PHILOSOPHISCHEN DOCTORWÜRDE
BEI DER UNIVERSITÄT LEIPZIG.

VON

RUDOLF SCHNEIDER

AUS MÜHLBERG A/ELBE.

MÜHLBERG.
DRUCK VON HEINRICH SCHNEIDER.
1875.

Der Wartburgkrieg besteht aus zwei an Inhalt und Form ganz verschiedenen Theilen, die ein sehr loses Band mit einander verknüpft.

Der erste Theil enthält den Streit der Sänger um das Lob der Fürsten von Oesterreich und Thüringen und ist im Thüringer Herrentone gedichtet. Heinrich von Ofterdingen fordert alle Sänger zum Wettkampfe heraus: er will den Herzog von Oesterreich preisen und sein Leben lassen, wenn ein anderer Fürst diesem an Ruhm und Ehre gleicht. Nach der Reihe treten die anwesenden Sänger gegen ihn auf und suchen seinen Gesang zum Preise des Oesterreichers durch das Lob des Thüringer Herren zu überbieten, aber alle werden zurückgewiesen, bis endlich Walther von der Vogelweide durch List den von Ofterdingen besiegt. Klagend beruft sich dieser auf Clingzor von Ungerland und es wird ihm auf den Wunsch der Landgräfin von Thüringen auch gestattet, den weisen Meister zu seinem Schutze herbeizurufen.

Clingzor von Ungerland erscheint nun im zweiten Theile des Gedichtes, dem Räthselspiele in Clingzors schwarzem Tone, und setzt den Kampf für Heinrich von Ofterdingen fort. Durch mystische Räthsel hofft er Wolframs Weisheit zu Schanden zu machen, den er als den Berühmtesten aller Sänger zur Lösung des gegebenen Räthsels auffordert. Wolfram aber fürchtet sich weder vor Clingzors Prahlereien noch vor den Drohungen des Teufels Nazarus, den Clingzor zu seiner Hilfe herbeiruft, sondern besteht in festem Gottvertrauen muthig den Kampf.

Die Strofen des ersten Theiles, des Fürstenlobes, sind uns in der Jenaer Handschrift vollständig und in richtiger Reihenfolge überliefert, damit stimmen auch die Pariser und die Kolmarer Handschrift fast ganz überein. Dagegen gehen die genannten Handschriften im zweiten Theile weit auseinander. Das Räthselspiel hatte von Anfang an einen weniger festen Zusammenhang in seinen einzelnen Theilen als das Fürstenlob, und es fanden daher Zudichtungen leicht Eingang. Zuerst werden neue Räthsel hinzugefügt worden sein, mit der Zeit aber gesellten sich auch ganz fremdartige Elemente dem Gedichte zu, die nur noch durch den Ton sich mit demselben berührten und endlich wurden gar Strofen im Thüringer Herrentone in die Ueberlieferung des schwarzen Tones gemischt, die dadurch allein an das Räthselspiel erinnern, dass sie Wolfram und Clingzor in den Mund gelegt sind. So entstand durch fortwährende Zudichtungen, die schliesslich das echte Gedicht überwucherten, das wirre Durcheinander von Strofen des verschiedensten Inhalts, wie es die Kolmarer Handschrift überliefert hat. Nicht ganz so umfangreich aber doch eben so bunt ist der Inhalt der Pariser und der Jenaer Handschrift.

I.

Die bisherigen Versuche zur Wiederherstellung des Gedichtes.

V. d. Hagen Jenaische Litteraturzeitung 1809 No. 173 schied nur wenige Strofen des schwarzen Tones aus der Ueberlieferung der Jenaer und der Pariser Handschrift aus. Er betrachtete das echte Gedicht als ein Produkt Wolframs von Eschenbach und suchte den Zusammenhang zwischen dem Fürstenlobe und dem Räthselspiele zu erklären und die Ordnung der Strofen des Letzteren herzustellen: offenbar aber tritt eine beträchtliche Anzahl der von ihm als echt bezeichneten Strofen gänzlich aus dem Zusammenhange heraus und kann auf keine Weise in denselben hineingebracht werden.

Eine ganz andere Ansicht hat A. Zeune aufgestellt, die er in einer Ausgabe des Gedichtes vom Jahre 1818 durchführte und ausführlich in dem Jahrbuche der Berlinischen Gesellschaft für deutsche Sprache vom Jahre 1820 S. 103—130 erörterte. Zeune unterschied zwei Darstellungen des Sängerkrieges auf der Wartburg, den er — wie alle Anderen vor Koberstein — für ein unzweifelhaftes, historisches Faktum ansah; beide Gedichte seien ihres ähnlichen Inhaltes wegen in den Ueberlieferungen mit einander vermischt worden. Das erste Gedicht im Thüringer Herrentone begünstige die Partei der Oesterreicher und habe Heinrich von Ofterdingen oder Clingzor zum Verfasser, das zweite im schwarzen Tone vertrete den Standpunkt der Thüringer Sänger, deshalb werde es wohl Wolfram von Eschenbach zuzuschreiben sein.

Die völlige Unzulässigkeit dieser Annahme wies **Lachmann** in der Jenaischen Litteraturzeitung 1820 No. 96—97 in eingehender Weise nach und zeigte, dass Wolfram von Eschenbach nicht der Verfasser des Gedichtes vom Wartburger Kriege sein könne. Hierauf stellte er eine Untersuchung über die Strofen des zweiten Theiles an, die ihn darauf führte, alle Strofen für zugedichtet zu erklären, die mitteldeutsche Reime zeigen: der übrig bleibende Rest sei ein Bruchstück des echten Gedichtes im schwarzen Tone und stamme höchst wahrscheinlich von dem Verfasser des ersten Theils; das Ganze bilde also ein Gedicht in zweierlei Versart. — Die mitteldeutschen Reime können aber nicht als Erkennungszeichen des Unechten gelten, sie gehören vielmehr im ersten wie im zweiten Theile des Wartburgkrieges dem ursprünglichen Gedichte an und sind erst vom Schreiber der Pariser Handschrift beseitigt worden, wie ein Vergleich dieser Ueberlieferung mit der Jenaer Handschrift deutlich zeigt.

Im Jahre 1823 erschien die vortreffliche Abhandlung von **Koberstein** „über das wahrscheinliche Alter und die Bedeutung des Gedichtes vom Wartburger Kriege". Hierin ward die von I. Grimm besonders „über den altdeutschen Meistergesang" S. 77 ff. und S. 111 behauptete, aber von Docen im Altdeutschen Museum I. 471—481 bereits angefochtene Ansicht, das Gedicht sei der gleichzeitige, authentische Bericht des im Jahre 1206 oder 1207 stattgehabten Sängerkampfes, vollständig widerlegt und bewiesen, dass dasselbe einer viel späteren Zeit angehöre. Koberstein bestreitet überhaupt den Sängerkrieg als historische Thatsache und behauptet, dass die Chroniken, welche davon berichten, erst aus unserem Gedichte ihre Nachrichten geschöpft hätten, durch dieses sei auch Clingzor von Ungerland erst zu einem Meistersänger geworden, für den ihn schon Hermann der Damen ansah, während er in Wahrheit der aus dem Parzival bekannte Zauberer sei. Diese beiden Annahmen sind durch die umfassenderen Forschungen der neueren Zeit über die bezüglichen Chroniken durchaus bestätigt worden, und man würde schon deshalb Lachmann nicht beistimmen können, der in seiner Recension von Kobersteins Abhandlung durch gewagte Combinationen Clingzors historische Existenz darzuthun suchte, wiewohl er selbst zuerst gegen Zeune Zweifel über dieselbe erhoben hatte. Die von Lachmann in der Jenaischen Litteraturzeitung 1823 No. 194—195 aufgestellte Vermuthung beruht aber ausserdem auf einem doppelten Irrthume: Clingzor kann unmöglich so als mit dem Hardegger identisch erwiesen werden. Denn erstens werden die im Altdeutschen Museum II, 192 mitgetheilten Strofen in der Kolmarer Handschrift Clingzor gar nicht beigelegt, worauf schon Simrock aufmerksam gemacht hat, und zweitens sind diese Strofen nicht denen des Hardeggers im Tone gleich, da den Schluss der Strofen des Hardeggers v. Hag. MS. II, 135 zwei Verse bilden, die 7 und 9 Hebungen haben, diese beiden Verse aber in den Clingzor fälschlich beigelegten Strofen zu vier Versen mit überschlagenden Reimen aufgelöst worden sind, vgl. v. Hag. MS. III, 330.

Ueberhaupt erscheinen diese Combinationen jetzt durchaus zwecklos, denn seit Wiederauffindung der Kolmarer Handschrift weiss man, dass diese eine von der Pariser Handschrift der Minnesinger ganz verschiedene Anordnung befolgt und also ein solches Zusammentreffen, wie es Lach-

mann gefunden zu haben glaubte, für Zufall zu halten wäre.
Begründete Einwendungen lassen sich dagegen in Bezug auf Kobersteins Annahme über den zweiten Theil des Wartburgkrieges machen, dass dessen „echte" Bestandtheile die ersten achtzehn Strofen des Lohengrin, ein vom ersten Theile unabhängiges Gedicht gebildet hätten. Diese Trennung des Räthselspieles vom Fürstenlobe beruht, wie später gezeigt werden soll, auf der zu späten Datierung des ersten Theiles, und die Ausscheidung des „Kerns des alten Räthselspieles" stützt sich zum grossen Theile auf Lachmanns sprachliche Beobachtung, die bereits besprochen wurde. Koberstein wollte seine Ansicht dadurch wahrscheinlicher machen, dass er ausführte, die ersten achtzehn Strofen des Lohengrin stellten einen völlig entwickelten Grundgedanken dar „den grossen Zwiespalt im Menschen zwischen Natur und Geist, zwischen Irdischem und Göttlichem", wodurch ihre Zusammengehörigkeit mit den übrigen Strofen widerlegt und ihre Abhängigkeit vom ersten Theile unglaublich werde; aber Lachmann bemerkte in der S. 6. erwähnten Recension mit vollem Rechte, dass zu diesem „Grundgedanken" eine wissenschaftliche Untersuchung nicht führen könne. Uebrigens sieht sich auch Koberstein am Schlusse seiner Untersuchung selbst veranlasst, Zweifel gegen die Selbständigkeit der achtzehn Lohengrinstrofen zu erheben, nachdem er gesehen, zu welchen verwickelten und unbeweisbaren Vermuthungen über die Entstehung des Wartburgkrieges und dessen Verhältniss zum Lohengrin er dadurch gezwungen werde.

Die Ausgabe vom Gedichte, die **Ettmüller** 1830 besorgte, ist ein Abdruck der Jenaer Handschrift, deren Strofen in der vorausgehenden Inhaltsangabe übersichtlich geordnet sind. Zu einer Scheidung der echten und unechten Strofen schritt Ettmüller so wenig vor wie **Lucas**, über den Wartburgkrieg 1838. Letzterer hat aus der Ueberlieferung der Jenaer und der Pariser Handschrift die einzelnen Strofenreihen zusammengestellt und diese durch freie Combinationen über ausgefallene Stücke als Theile eines grossen Gedichtes darzustellen versucht, dem er als dritten Haupttheil den ganzen Lohengrin anfügt.

Da im Folgenden eine erschöpfende Behandlung des Wartburgkrieges nicht erstrebt wird, sondern nur aus dem zweiten Theile diejenigen Strofen herausgehoben werden sollen, in denen der Kern des alten Räthselspieles gesucht werden muss, so sind hier die sonstigen auf den Wartburgkrieg bezüglichen Schriften zu übergehen, die Simrock in seiner Ausgabe des Wartburgkrieges 1858 sämmtlich aufgeführt und beurtheilt hat, und wir gelangen damit sogleich zu dieser letzten Bearbeitung des Gedichtes, die im Wesentlichen ohne jedes Zwischenglied an Kobersteins Abhandlung sich anschliesst.

Simrock hat den Zweck, den er bei seiner Herausgabe des Gedichtes im Auge hatte, die in den Handschriften bunt durcheinander gewürfelten Strofen zu ordnen und so dem Verständnisse näher zu führen, vollständig erreicht, und es wird schwerlich an seiner Gruppirung der Strofen viel geändert werden können. Bei der Bestimmung des echten Gedichtes hat sich aber Simrock durch Kobersteins „Grundgedanken" bestechen lassen; seine Ausscheidung ist noch weit weniger begründet als die seines Vorgängers, denn sie beruht einzig und allein auf diesem „Grundgedanken", welcher bei Koberstein nur als letzter Grund hinzutritt; die mitteldeutschen Reime werden wohl auch zur Unterstützung dieser Ansicht angeführt, aber doch nur dann erwähnt, wenn sie die vorgesetzte Meinung zu sichern schienen. Auf diese Weise gelangt Simrock selbstverständlich zu demselben „Kern des alten Räthselspieles", den Koberstein schon heraus geschält hatte, er fügt diesem aber noch drei Strofen hinzu, um so ein vom ersten Gedichte, dem Fürstenlobe, ganz unabhängiges Räthselspiel herzustellen, es sind dies die Anfangsstrofen des schwarzen Tones in der Jenaer Handschrift Str. 25*) und die beiden am Schlusse der Pariser Handschrift überlieferten Strofen 26 und 27; wo sich in

---

*) Die ohne beigesetzten Buchstaben gegebenen Ziffern bezeichnen die Strofen nach Simrocks Zählung.

diesem „echten Gedichte" noch Spuren der Beziehung auf
den ersten Theil zeigen, werden diese durch Aenderungsvor-
schläge zu tilgen gesucht. An dieses „echte Gedicht"
schlossen sich, so meint Simrock, später der erste Theil
des Wartburgkrieges und alle andern Strofen des
zweiten Theiles an, die wir jetzt in unseren Ueberlieferungen finden. Diese Annahme ist aber für den ersten Theil des Gedichts äusserst schwierig, ja es ist gerade zu unmöglich, das
Fürstenlob als eine Zudichtung zum Räthselspiele zu betrachten, denn selbst wenn man Simrock zugeben wollte, was
gewiss niemand thun wird, Heinrich von Ofterdingen sei
durch den Spruch Hermanns des Damen v. Hag. MS. III,
163 als Dichter des zweiten Theiles bezeichnet, selbst dann
wird noch nicht im mindesten erklärt, wie daraus jemand
hätte Anlass nehmen können, den ersten Theil als den Anfang des eigentlichen Räthselspieles zu dichten, mit dem er
doch nur einen ganz losen Zusammenhang hat.
Nicht weniger schwierig ist die Darstellung des Ver-
hältnisses, in welchem der Lohengrin zum Wartburgkriege
steht, wenn man Simrocks echtes Gedicht als den Ausgangspunkt des Wartburgkrieges betrachtet. Wie Simrock sich
dieses Verhältniss vorstellt, ist nicht klar zu ersehen: er
schreibt das Räthsel von Lohengrin dem Lohengrindichter
zu, und aus dessen Gedichte sei es erst in den Wartburgkrieg gekommen, dann erklärt er aber Str. 82 J, 99. für die
echte Anfangsstrofe des genannten Räthsels, die sich nur in
der Jenaer Handschrift findet. Es hätte also der Lohengrin auf den Wartburgkrieg rückwirkenden Einfluss ausgeübt, ein solcher ist aber für die Jenaer Handschrift durchaus nicht nachzuweisen und auch die Pariser Handschrift
zeigt davon nur eine einzige Spur, wovon unten weiter die
Rede sein soll.
Koberstein hatte ebenfalls dem Lohengrindichter das
Räthsel von Lohengrin zugesprochen und sich durch Annahme einer dreifachen Bearbeitung des Lohengrin zu helfen
gesucht, aber Lachmann hat diese Annahme in der betreffenden

Recension auf das Bestimmteste widerlegt. Darüber findet sich weder bei Koberstein noch bei Simrock die geringste Andeutung, was denn den Lohengrindichter veranlassen konnte, an das Räthselspiel seine Erzählung zu knüpfen, wenn darin von Lohengrin noch gar nichts stand.

Eine Erklärung für das Verfahren des Lohengrindichters ist auch in der Ausgabe des Lohengrin von **Heinrich Rückert**, die kurz vor Simrocks Wartburgkriege erschien, nicht gegeben worden. Rückert nimmt gewiss mit Recht an, dass das Räthsel von Lohengrin schon im Wartburgkriege gestanden habe und dass gerade dieses den Lohengrindichter veranlasst habe an das Räthselspiel anzuknüpfen, aber dadurch wird doch nur die Entlehnung weniger Strofen erklärt und schwerlich wird jemand Rückert beistimmen, wenn er meint, die Teufelserscheinung sei der Glanzpunkt des Wartburgkrieges, sie sei überall erwähnt, wo überhaupt vom Sängerkriege die Rede sei und habe deshalb auch hier im Lohengrin nicht fehlen dürfen. Dieser Erklärungsgrund ist für die Chroniken ausreichend, hier aber wo es sich nach Rückerts Meinung um ein „Plagium" handelt ist damit nichts gewonnen, denn wenn der Lohengrindichter nur die Teufelserscheinung nicht übergehen wollte, warum nahm er dann auch die Strofen 75—79 auf?

II.
Das Verhältniss des Räthselspieles zum Fürstenlobe.

Die Schwierigkeiten, welche das Verhältniss des zweiten Theiles des Wartburgkrieges zum ersten Theile und zum Lohengrin darbietet, sind einzig hervorgebracht durch die Annahme, die ersten achtzehn Strofen des Lohengrin bildeten ein selbständiges Gedicht, an welches sich alle übrigen Theile später angeschlossen hätten. In der bisherigen Darstellung ist nun schon darauf hingewiesen, dass diese Annahme weder durch die mitteldeutschen Reime noch durch den Grundgedanken, den Koberstein aufstellte, sich stützen lässt, es bleibt aber noch der Hauptgrund und eigentliche Anlass derselben bestehen, der Beweis Kobersteins, dass der zweite Theil älter sei als der erste. Zu dieser Folgerung gelangte Koberstein durch die nachstehenden Bestimmungen: Clingzor von Ungerland ist keine historische Person sondern ein fabelhafter Zauberer, der durch Wolframs Parzival in die deutsche Poesie eingeführt wurde; aus diesem gieng er direkt in unser Gedicht über und erst durch dieses ward er zum Meistersänger, als welchen ihn die Späteren betrachten. Da ihn aber bereits Hermann der Damen etwa 1290 in seinem Spruche v. Hag. MS. III, 163:

Wolfram unde Clingzor genant von Ungerlant
diser zweier tihte ist meisterlich erkant

mit offenbarer Beziehung auf unser Gedicht unter die dahingeschiedenen Sänger rechnet, so folgt daraus, dass das Räthselspiel etwa 1250 schon entstanden sein muss, weil sonst der Irrthum Hermanns des Damen unbegreiflich erschiene. In so frühe Zeit kann aber, so fährt Koberstein fort, der erste Theil des Gedichtes nicht gesetzt werden, da der Dichter desselben Reimar den Alten mit Reimar von Zweter verwechselte, dessen Lebenszeit später fällt als die der übrigen auftretenden Sänger; diese Verwechslung konnte erst nach des Letzteren Tode eintreten, der nicht vor dem Jahre 1275 erfolgte, und so mag denn etwa 1280 der erste Theil entstanden sein.

Allerdings ist eine Verwechslung Reimars des Alten mit Reimar von Zweter, wenn dieselbe überhaupt stattgefunden hat, was nach der folgenden Ausführung vielleicht bezweifelt werden könnte, vor dem Tode des Letzteren nicht wohl denkbar, und Simrocks gegentheilige Behauptung wird kaum Beifall finden; es folgt daraus aber nicht eine so späte Ansetzung des Fürstenlobes, da die neueren Untersuchungen erwiesen haben, dass Reimar von Zweter früher gestorben ist, als Koberstein annahm.

K. Meyer, Untersuchungen über das Leben Reimars

von Zweter und Bruder Wernhers 1866, bezieht den Spruch No. 245, den er für den letzten sicher bestimmbaren Spruch hält, auf die Kaiserwahl vom Jahre 1257, weil darin der Pfalzgraf vom Rheine unter den sieben Kurfürsten genannt werde. Auf eine Kaiserwahl vor dem Jahre 1253 könne der Spruch nicht bezogen werden, denn dann hätte der Herzog von Baiern die Stelle des Pfalzgrafen vom Rheine einnehmen müssen, welcher bis zum Jahre 1253 die Rheinpfalz mit seinem Herzogthum vereinigt beherrschte. — Den Tod Reinmars setzt K. Meyer ohne sicheren Anhalt in die Zeit zwischen 1260 und 1270.

Aber auch soweit lässt sich Reimar von Zweter nicht mehr verfolgen, wie **Wilmanns,** Chronologie der Sprüche Reimars von Zweter in Haupts Zeitschrift XIII, 434—463 ausführlich dargelegt hat. Wilmanns beweist, dass der 245. Spruch durchaus nicht nach dem Jahre 1253 entstanden sein müsse, denn wenn der Herzog von Baiern als Kurfürst bezeichnet werden sollte, konnte er nur Pfalzgraf vom Rheine genannt werden; ausserdem aber lassen sich die Beziehungen auf den Böhmenkönig mit Sicherheit auf die Zeit vor der Wahl von Heinrich Raspe deuten, und es fällt danach der Spruch in das Ende des Jahres 1245 oder den Anfang von 1246. In gleicher Weise werden die übrigen Sprüche, die K. Meyer nur nach Wahrscheinlichkeit in die Zeit bis 1257 verlegt hatte, von Wilmanns zurückdatiert und festgestellt, dass über das Jahr 1245 hinaus kein einziger Spruch mit Sicherheit führe.

Viel später wird wohl Reimar auch nicht gestorben sein, und es wäre deshalb vielleicht nicht nöthig, eine Verwechslung mit Reimar dem Alten anzunehmen, da ja nunmehr auch das Geburtsjahr Reimars von Zweter, der selber sagt, dass er alt geworden sei, bedeutend höher hinaufzurücken ist, als es Koberstein ansetzen konnte. Erst die Chroniken setzen den Sängerkampf ins Jahr 1206 oder 1207; nimmt man an, der Dichter habe sich denselben etwas später gedacht vielleicht um das Jahr 1214, so konnte auch Reimar von Zweter als ein Mitkämpfer eingeführt werden, denn er hätte zu dieser Zeit doch wohl das dreissigste Jahr schon erreicht gehabt.

Da aber Reimar von Zweter mit Bestimmtheit erst vom Jahre 1227 an nachzuweisen ist, so wird die aufgestellte Vermuthung doch wohl bedenklich erscheinen, und es soll dieselbe um so weniger behauptet werden, als der hier verfolgte Zweck, zu beweisen, dass der erste Theil des Wartburgkrieges älter sei als Koberstein annimmt, auch ohne jene Annahme auf sicherem Wege erreicht werden kann. Reimar von Zweter hat nämlich offenbar das Jahr 1257 nicht mehr erlebt, da sich in seinen Sprüchen keine Spur einer Hindeutung auf die grosse Schmach findet, die in diesem Jahre dem deutschen Reiche durch die Wahl zweier Ausländer zu deutschen Kaisern widerfuhr. Setzt man also Reimars Todesjahr etwa um 1255 an, so kann der erste Theil unseres Gedichtes recht wohl um 1260 entstanden sein und weiter braucht man den zweiten Theil nach dem Zeugniss Hermanns des Damen auch nicht hinaufzurücken.

Dass um das Jahr 1260 die Entstehung des Fürstenlobes festgesetzt werden müsse, lässt sich auch von Seiten der Chroniken wahrscheinlich machen, deren Verhältniss zu einander und zum Gedichte durch neuere Forschungen völlig klar gelegt worden ist.

Berthold der Kaplan und Reisegefährte Ludwigs IV. verfasste nach 1233 eine lateinische Lebensbeschreibung seines Herrn; diese Vita Ludovici erfuhr eine Bearbeitung, durch welche der Bericht vom Sängerkriege auf der Wartburg hinzukam. Auf dieser ersten Redaction der V. L. beruht nun einerseits die Vita St. Elisabethae Dietrichs von Apolda, andererseits die zweite Redaction der V. L., in welcher die Wunder am Grabe des heiligen Ludwig aus dem letzten Drittel des XIII. und vom Anfange des XIV. Jahrhunderts beigefügt werden: sie entstand in der Zeit zwischen den Jahren 1308 und 1315 im Kloster Reinhardsbrunn.

Von dieser zweiten Redaction ist die deutsche Uebersetzung erhalten, die Friedrich Ködiz von Salfeld zwischen

1315 und 1323 anfertigte; das lateinische Original hat noch eine doppelte Wandelung erfahren. Es wurde zuerst in die Annales Reinhardsbrunnenses aufgenommen, die zwischen 1335 u. 1349 im Kloster Reinhardsbrunn geschrieben wurden, und gieng dann mit den A. R. nach dem Jahre 1424 in die Chronica pontificum et archiepiscoporum Magdeburgensium über, die in einer Handschrift zu Hannover erhalten sind.

Diese Verhältnisse hat Heinrich Rückert „das Leben des heiligen Ludwig, Landgrafen in Thüringen, Gemahls der heiligen Elisabeth, nach der lateinischen Urschrift übersetzt von Friedrich Ködiz von Salfeld" ausführlich behandelt; Wegele bestätigt in der Einleitung zu den Annales Reinhardsbrunnenses in den Thüringischen Geschichtsquellen Bd. I. Jena 1854. Rückerts Angaben, nur weist er für die A. R. die angegebenen Jahre als Entstehungszeit nach, während Rückert dieselben nach 1367 angesetzt hatte.

Auf der weitverbreiteten Erzählung Dietrichs von Apolda beruht das Gedicht vom Leben der heiligen Elisabeth, welches zuerst nach einer unvollständigen Handschrift von Graff, Diutisca I, 344 ff. abgedruckt wurde. Vollständig ist dieses Gedicht von Max Rieger Stuttgart 1868. in der Bibliothek des litterarischen Vereins herausgegeben; die Einleitung gibt genaue Nachweise für die Anlehnung des Gedichts an die Vita St. Elisabethae. Die Kette der Ueberlieferungen wird dann im XV. Jahrhunderte fortgesetzt durch das chronicon Thuringense, eine deutsche prosaische Erzählung von Johannes Rote, und das gereimte „Leben der heiligen Elisabeth" von demselben Verfasser.

Der älteste fest datierbare Bericht vom Sängerkriege ist allerdings erst die Vita St. Elisabethae, die Dietrich von Apolda im Jahre 1289 zu schreiben begann, da dieser Bericht aber nur ein kurzer Auszug der Darstellung ist, die sich bei Friedrich Ködiz und in den A. R. findet, so gelangen wir dadurch auf eine gemeinsame Quelle beider, die also schon vor 1289 vorhanden gewesen sein muss: es ist dies die oben angeführte erste Redaction der V. L, deren Zeit sich genauer nicht angeben lässt.

Diese erste Redaction der V. L. der Ausgangspunkt aller Berichte, die sich über den Sängerkrieg in den Chroniken finden, kannte bereits unser Gedicht, denn die Angabe Heinrich von Ofterdingen sei von den übrigen Sängern durch falsche Würfel um sein ganzes Geld betrogen, beruht auf einem Missverständniss von Str. 23, wo der von Ofterdingen Walthers listigen Betrug ein falsches Würfelspiel nennt, und unserem Gedichte sind auch alle andern Angaben der V. L. entnommen, es bestätigt sich also dadurch Kobersteins Behauptung, dass allein dem Gedichte vom Wartburgkriege sämmtliche Nachrichten von Clingzor und dem Sängerkriege entstammten.

Hingegen wird nun Kobersteins Annahme, dass der erste Theil des Gedichtes um das Jahr 1280 entstanden sei, sehr zweifelhaft, denn wenn man auch die erste Redaction der V. L. wenige Jahre vor Dietrichs Vita ansetzt, wofür sich aber kein Grund angeben lässt, so würde doch wohl das Gedicht immerhin in die Zeit um 1260 spätestens fallen, weil es doch gewiss schon eine Zeit lang bestanden haben muss, ehe es die ausschliessliche Quelle einer Chronik bilden konnte.

Ist nun also durchaus kein Grund vorhanden, den ersten Theil des Wartburgkrieges später anzusetzen als das Räthselspiel zwischen Clingzor und Wolfram, so wird man auch den zweiten Theil nicht als ein selbständiges Gedicht fassen dürfen, da er sich doch selbst für eine Fortsetzung des Fürstenlobes gibt. Am deutlichsten ist dies Verhältniss in Str. 79 ausgesprochen, die, wie bereits gesagt, auf Grund des mitteldeutschen Reimes durchaus nicht für unecht erklärt werden darf: hierin tritt Clingzor geradezu als Streiter für Heinrich von Ofterdingen hervor und bedroht die diesem feindlichen Sänger, die bei Wolfram von Eschenbach Schutz gesucht haben.

Nicht weniger deutlich spricht für die Anknüpfung des Räthselspieles an das Fürstenlob die Zeile, welche die Anwesenheit do sFürsten von Thüringen bekundet, str. 36, 3. und die Hindeutung auf das Thüringer Land str. 78, 5.

(ich übergehe hier absichtlich die beiden dunklen Strofen 76. 77, die ganz ausser den Zusammenhang zu stehen scheinen); diese beiden Hinweisungen sind im Räthselspiele nicht verständlich, setzt man aber den ersten Theil als bekannt voraus, so sind sie ganz an ihrem Platze, da der Dichter sich die Situation ebenso dachte, wie sie im ersten Theile uns entgegentritt.

Endlich macht auch der Name Clingzor ûz Ungerlant str. 31, 1. Schwierigkeiten, wenn man das Räthselspiel als ein selbständiges Gedicht auffassen will, denn Clingzor ûz Ungerlant ist es ja auf den sich Heinrich von Ofterdingen im ersten Theile beruft, hier tritt dieser weise Zauberer nun wirklich auf, sollte dies ein gefälliges Zusammentreffen sein? Simrock hat an letztgenannter Stelle durch eine Textesänderung Clingzor hinwegschaffen wollen, aber dazu ist kein Grund vorhanden und es bleibt doch dann noch immer die nach meiner Meinung unüberwindliche Schwierigkeit, die Zudichtung des ersten Theiles zum zweiten irgendwie zu erklären.

Man wird also wohl das Räthselspiel als eine Fortsetzung des Fürstenlobes zu fassen haben, die aber jedenfalls von einem späteren Zudichter herrührt, denn schwerlich würde der Dichter des Fürstenlobes die beiden Theile so verschieden an Form und Inhalt gebildet, wie diese jetzt erscheinen. Freilich wird schwerlich der Grund sich finden lassen, warum der Fortsetzer einen neuen Ton wählte und einen ganz anderen Verlauf des Kampfes darstellte, als man ihn nach dem ersten Theile erwarten sollte, und es ist wohl auch eine vergebliche Mühe, hierüber Vermuthungen zu ersinnen, genug: es fand jemand in der Berufung Heinrichs von Ofterdingen auf Clingzor von Ungerland Anlass, diesen nun auch wirklich auftreten zu lassen und dichtete darum das Räthselspiel dem Fürstenlobe hinzu.

Es ist im Uebrigen bemerkenswerth, dass das Gedicht im schwarzen Tone trotz seiner Beziehungen auf den ersten Theil, die es als eine Fortsetzung des Fürstenlobes zeigen, doch auch eine selbständige Bedeutung gehabt

haben muss, denn der Lohengrindichter hat dasselbe an
den Anfang seines Gedichtes gesetzt, ohne den ersten Theil
mit herüberzunehmen.

III.
Die ältesten Strofen des Räthselspieles.

Wenn der zweite Theil des Wartburgkrieges ein
selbständiges Gedicht nicht gebildet hat, so sind damit
auch die Annahmen von Koberstein und Simrock über den
Kern des alten Räthselspieles widerlegt, und es soll nunmehr der Versuch gemacht werden, auf Grund der handschriftlichen Ueberlieferung einen neuen Kern herauszuschülen. Der Verlauf wird allerdings Lachmanns Ausspruch
nur bestätigen, dass es thöricht sei, das echte Gedicht herstellen zu wollen, es wird sich aber auf diesem Wege doch
wenigstens fest bestimmen lassen, wie weit man sich
dem echten Gedichte nähern kann.

Vergleicht man die Ueberlieferungen des Räthselspieles
mit einander, so richtet sich der Blick von selbst zuerst auf
diejenigen Strofen, die der Lohengrindichter aus dem Wartburgkriege entlehnte. Diese Strofen sind um so bemerkenswerther,
da in deren Ueberlieferung allein auch die Handschriften des
Wartburgkrieges mit einander sich berühren; in allen übrigen
Theilen gehen diese Handschriften ganz und gar auseinander
und wo sich noch ganz vereinzelt Uebereinstimmung zeigt,
kann diese nicht zur Herstellung des echten Gedichtes verwandt werden, von welchem wir, wie ich darzuthun hoffe,
allein auf Grund der vom Lohengrindichter aufgenommenen,
Strofen uns eine Vorstellung machen können.

Es ist also zunächst zu bestimmen, welche Strofen der
Lohengrindichter aus dem Wartburgkriege entlehnt hat;
hierauf erst kann man versuchen, die Bestandtheile des
echten Gedichtes zu gewinnen, indem man entweder aus
den Handschriften des Wartburgkrieges Strofen herausnimmt,
die als echt sich erweisen und von dem Lohengrindichter

absichtlich oder unabsichtlich übergangen wurden, oder von den im Lohengrin befindlichen Strofen solche ausscheidet, die schon vor der Entstehung des Lohengrin dem Räthselspiele zugedichtet waren.

Die Eingangsstrofen des Lohengrin und was damit in den andern Ueberlieferungen unmittelbar verknüpft ist, sind uns in den folgenden Handschriften aufbewahrt, deren Zeichen nach Simrocks Ausgabe gewählt worden sind, nur ist für die Pariser Handschrift C statt M eingesetzt worden.

L. Die beiden Lohengrinhandschriften aus Heidelberg, von Rückert in seiner Ausgabe des Lohengrin als A und B bezeichnet. A ist die Pergamenthandschrift No. 364, welche Bl. 1—111 den Parzival enthält, und von derselben Hand Bl. 113—151 den Lohengrin bietet. Die Papierhandschrift B, No. 365, umfasst nur den Lohengrin. Beide Handschriften gelten für die folgende Untersuchung nur als éine Ueberlieferung.

J. Die Jenaer Handschrift der Meisterlieder, auf Pergament geschrieben, enthält von Bl. 127 b. an Strofen des Wartburgkrieges. Am Schlusse fehlen mehrere Blätter, doch hat unser Gedicht dadurch keine grosse Einbusse erlitten, denn die letzten in J erhaltenen Strofen J 118 und 119 sind der Nachtrag eines vorher vergessenen Räthsels, also schloss kurz danach der schwarze Ton jedenfalls ab. Zwischen Bl. 132 und 133 ist eine Lücke, die Wiedeburg „ausführliche Nachricht von einigen alten teutschen Manuscripten der Jenaer Bibliothek aus dem XIII. und XIV. Jahrhunderte" auf zwei Blätter geschätzt hat nach ungeführer Berechnung des fehlenden Inhaltes, ihm sind Docen Miscellaneen I, 113 und von der Hagen MS. III, 653 gefolgt, es fehlt das mittelste Doppelblatt der letzten Lage, welche also ursprünglich fünf Doppelblätter umfasste.

C. (bei Simrock M.) Die Pariser Handschrift der Minnesänger überliefert 46 Strofen im schwarzen Tone, die aber durch 18 Strofen im Thüringer Herrentone von einander getrennt sind. vgl. v. d. Hagen MS. II, 9—19.

K. Die Kolmarer Handschrift der Meisterlieder enthült Strofen des schwarzen Tones von Bl. 680—705 (nach der neuen von Simrock noch nicht angewandten Zählung der Blätter), davon stimmen aber nur wenige Strofen zu der Ueberlieferung in den vorgenannten Handschriften. Hierzu kommen noch zwei Fragmente:

Wb. Das Würzburger Bruchstück, ein einzelnes Pergamentblatt aus dem XIII. Jahrhunderte, ist 1840 in Würzburg gefunden und wird jetzt in München aufbewahrt. Hr. Professor Simrock hatte die Freundlichkeit, mir eine sehr sorgfältige von K. Roth angefertigte Abschrift dieses Bruchstückes zu leihen, wofür ich ihm herzlichen Dank weiss.

B. Das Büdinger Bruchstück, welches in Haupts Zeitschrift beschrieben und abgedruckt worden ist; es umfasst fünf Strofen, deren erste und letzte unvollständig sind. vgl. H. Z. X, 273 ff.

Vergleichen wir zunächst die Ueberlieferungen in L, J und C mit einander ohne Berücksichtigung der Kolmarer Handschrift und der beiden Bruchstücke.
str. 27. 29—35. L 1—7. C 26—32.

Dieselbe Strofe, die in C den Anfang des schwarzen Tones bildet, steht in L als Anfangsstrofe überhaupt: es beginnt in beiden Ueberlieferungen das Räthsel vom schlafenden Kinde. str. 27 = L 4 ist in C nicht erhalten, und Rückert behauptet deshalb in seinen Anmerkungen zum Lohengrin, die Strofe habe im Wartburgkriege nicht gestanden, sondern sei ungeschickt genug vom Lohengrindichter aus den folgenden Strofen 32. 34. 35. = L 5—7 zusammengesetzt. Aber die Wiederholung derselben Worte in Rede und Gegenrede ist durchaus dem natürlichen Hergange wie dem Stile unseres Gedichtes angemessen, und es ist gerade die Gleichheit der Ausdrücke in L 4 und L 7 ein Beweis für die Echtheit von L 4. L 7, 10 sus kan ich vürte in Rine vinden bildet die Antwort auf L 4, 5 er möhte sanfter viuden vürte über Rin und gewinnt erst durch diese herausfordernde Bemerkung Clingzors seine rechte Bedeutung. Wie in dem Räthselspiele der Dichter die Antwort auf diese Weise mit der Ausforderung zu verbinden strebte, zeigt sich am besten aus str. 79 zu 80 = J 93 zu 94 = L 23 zu 28, die nur aus Versehen in L getrennt sind. L 23, 9 droht Clingzor: sô kan ich kunst dâ varent riutelinge mit. L 28, 1—2 antwortet Wolfram: swer wirfet riutelinge scharf ûz künste schilte. Auch str. 40, 1 sit ich mit erze decken sol zu str. 39, 9 ûf diz selbe zimber hoert von erz ein dach kann hierzu verglichen werden, wenn diese Strofen auch einem zugedichteten Räthsel angehören; sie zeigen gerade, wie dieses Wiederaufnehmen der Worte des Gegners bei heftiger Rede so natürlich ist, dass die Dichter solcher Wortstreite ganz von selbst darauf geführt wurden.

Nach str. 32 hat C eine Strofe C 30 allein, so dass also in C wie in L das ganze Räthsel sieben Strofen zählt. Koberstein in der angeführten Abhandlung pag. 59 hält C 30 für die Parallelstrofe von str. 27 = L 4, die einer ganz andern Bearbeitung des Gedichtes entstamme, welche den Oesterreichern günstig gewesen sei, während das erhaltene Gedicht für Wolfram und die Thüringer überhaupt mehr eintrete, und er brachte damit den Streit zwischen den höfischen und den volksmässigen Sängern in Verbindung. Seitdem man aufgehört hat, durch spitzfindige Deutungen überall diesen Gegensatz der Dichter herauszusuchen, wird auch niemand mehr Kobersteins Ausführung zu folgen geneigt sein, für welche ein weiterer Grund als die ähnlichen Strofenanfänge von L 4 und C 30 nicht angeführt werden kann. C 30 ist eine später zugefügte Strofe, die wie str. 102—104 = C 40. 43—44 von Clingzor genauere Kunde bringt: man wird diese Zusätze so wenig weiter zu erklären nöthig haben, wie den Ausfall von L 4.

Str. 34 und 35 = L 6 und 7 erscheinen in C in umgekehrter Reihenfolge. Dadurch werden die Deutungen aus ihrer gehörigen Ordnung gebracht und die Antwort L 7, 10 verliert ihre richtige Stelle am Schlusse des ganzen Räthsels.

In J findet sich dieses Räthsel vom schlafenden Kinde nicht.

str. 37—43. C 33—39. J 78—81.

Es folgt in C das Räthsel von den beiden Königstöchtern, welches Clingzor löst. In L findet sich dasselbe nicht und in J nur der Schluss desselben: nach dem ausgefallenen Doppelblatte zwischen Bl. 132 und 133 stimmt J 78 mit C 36 überein.

Von den nun in C folgenden Strofen sind str. 102—104 = C 40. 43—44 schon als Einschiebsel dieser Handschrift mit C 30 auf eine Stufe gestellt, die beiden dazwischenliegenden Strofen 44—45 = C 41—42 = J 118—119 können erst beim Vergleich des Würzburger Fragmentes berücksichtigt werden.

str. 36. 105—109. L 8—13. J 82—86. C 45—50.

Ohne die Strofen C 40—44 zeigt sich zwischen J und C Uebereinstimmung in den Strofen J 78—86 und C 36—39. 45—50, nur fehlt in J die Strofe C 48 die aber nur aus Versehen in J übergangen worden ist, denn J 85 enthält die Antwort darauf und ist an sich nicht verständlich. str. 107 = C 48 droht Clingzor den Teufel herbeizurufen, darauf erst konnte Wolfram str. 108 = J 85 = C 49 sagen, dass er sich vor Clingzors Gesellen nicht fürchte, auch er habe Helfer, die ihn wohl vor dem Teufel schützen könnten. Von str. 105 = J 82 = C 45 tritt auch der Lohengrin wieder ein L 8—13, diese Strofenreihe stimmt zu der von C überlieferten unr bildet in L die Strofe J 84 = C 47 den Anfang.

Str. 110—114. L 14—18. C 51—55.

L und C bieten hierauf an gleicher Stelle die Erscheinung des Teufels Nazarus (Nasyon). Die Anordnung der Strofen ist in C richtig erhalten, in L aber durch einen Irrthum abgeändert worden, den Rückert im Lohengrin nachgewiesen hat. Der Schreiber von L bezog nämlich str. 113 = L 15, 1 umbe dine müe ist mir unkunt fälschlich auf str. 110 = L 14, 9 mine müe die wil ich gar gein dir verdagen statt auf str. 112 = L 17, 1 waz woldestu mich her gemüet und stellte deshalb L 15 hinter L 14.

Statt dieser Reihe steht in J das Räthsel von Salomons Throne str. 69—70 = J 87—88.

str. 75—80. L 19—23. 28. J 89—94.
C 56. 58—60. 62—63.

Alle drei Handschriften treffen darnach zusammen in den Strofen, die eine neue Prahlerei Clingzors enthalten, welche Wolfram trotzig zurückweist. Durch ein blosses Versehen wurde str 80 im Lohengrin an der gehörigen Stelle vergessen und nach L 27 nachgetragen: L 28. In C sind dieser Reihe zwei Strofen hinzugefügt C 57 = L 27 und C 61 = L 30, die an ihren Stellen in L besprochen werden sollen.

str. 71—74. 82. J 95—98. 99.

J geht darauf seinen besonderen Weg: es hat allein ein Räthsel vom Kreuzesstamme in verkehrter Anordnung der Strofen, die Simrock richtig hergestellt hat, J 95—98 und dazu eine ganz vereinsamte Strofe J 99, die vielleicht von einem Zudichter eingefügt sein mag, um an das Folgende anzuknüpfen, aber so, wie sie da steht, nicht als der Anfang des Lohengrinräthsels gelten darf, wofür sie Simrock erklärt.

str. 83—86. L 24—27. J 100—102. C 57.

Nach dieser Abschweifung stimmt J mit L und zu beiden die Quelle von C; von dieser weicht C aus einem noch erkennbaren Grunde ab. L 27 ist nämlich offenbar aus zwei ganz verschiedenen Strofen zusammengeschweisst, von denen die eine die beiden Stollen, die andere den Abgesang hergeben musste: niemand wird Bedenken tragen, mit Simrock den Abgesang loszutrennen und an L 19 anzuschliessen. Diese Beziehung des Abgesanges von L 27 = J 102 auf L 19 = J 89 = C 56 blieb nun auch dem Schreiber von C nicht verborgen, und er setzte aus diesem Grunde die ganze Strofe C 57 = L 27 hinter L 19, ohne sich daran zu stossen, dass nunmehr der Aufgesang von L 27 keine Beziehung mehr habe, durch die er allein verständlich werden kann. Nun waren aber auch die beiden Strofen L 24 und 25 bedeutungslos geworden, da ihnen der Schluss abhanden gekommen war, und aus diesem Grunde scheint sie der Schreiber von C weggelassen zu haben; str 85 = L 26 hat er nicht gekannt, sie lag auch dem Schreiber von J nicht vor, sondern gehört dem Lohengrindichter zu. Dies wird bewiesen durch das dreimalige hoert, welches L 26 aufweist, denn dadurch wird auf eine ausführliche Erzählung des angedeuteten Inhaltes hingewiesen, die im Lohengrin ja auch von L 31 an folgt, die man aber für den Wartburgkrieg nicht ansetzen darf. Hoert und ähnliche Aufforderungen an die Zuhörer finden sich ausserdem im Lohengrin ausserordentlich häufig z. B. L 41, 1. 42, 2 u. 8. 46, 1. 47 1. 50, 2 u. ö., dagegen im Wartburgkriege nur im ersten Räthsel, so dass auch dieses Moment gegen die Entlehnung der Strofe aus dem Wartburgkrieg geltend gemacht werden kann.

Gehört nun L 26 dem Lohengrindichter an, so folgt doch daraus nicht, dass ihm das ganze Räthsel von Lohengrin zuzuschreiben sei, wie Simrock behauptet, denn str. 86 = L 27, welche sich in J und C auch findet, ist ohne L 26 gerade so verständlich wie mit dieser Strofe; vielmehr dient gerade diese Strofe L 26, wie sich zeigen, wird, zum Beweise, dass der Lohengrindichter das Räthsel aus dem Wartburgkriege genommen hat.

In L ist nach L 27 die vorher vergessene Strofe 80 = J 94 = C 63 nachgetragen L 28, also war der Schreiber wohl am Schlusse seiner Vorlage. Diese Vermuthung bestätigt sich, wenn man die beiden letzten Strofen in L vor Beginn der eigentlichen Erzählung, str 87—88 = L 29 und 30, ins Auge fasst, denn beide sind vom Lohengrindichter hinzugefügt, um zum Vortrage Wolframs hinüberzuleiten. L 29 passt allein in den Zusammenhang des Lohengrin und wird in keiner Handschrift des Wartburgkrieges überliefert, L 30 dagegen findet sich auch in C; trotzdem aber gehört diese Strofe dem Lohengrindichter an, denn sie findet nur an der Stelle, wo wir sie in L antreffen, ihren richtigen Platz. L 29 unterbricht der Landgraf von Thüringen den Streit der Sänger mit der Bitte an Wolfram, die Geschichte von Lohengrin vor dem versammelten Hofe zu erzählen. Er sendet nach den Frauen und diese erscheinen L 30, voran die Landgräfin mit den acht Töchtern des Grafen von Abenberg. Als diese Platz genommen haben, beginnt Wolfram L 31 seinen Vortrag. Dagegen stört die Strofe L 30 im Wartburgkriege an jeder Stelle den Zusammenhang, und es kann darum nicht zweifelhaft sein, dass der Schreiber von C sie aus dem Lohengrin herübergenommen habe. Auf diese einzige Strofe L 30 = C 61 beschränkt sich aber der ganze Einfluss, den der Lohengrin auf die beiden Ueberlieferungen des Wartburgkrieges ausgeübt hat: das Räthsel von Lohengrin ist nicht erst aus dem Lohengrin in den Wartburgkrieg gekommen, denn dann würden natürlich auch L 26 und L 29, die dem Lohengrindichter zugehören, in J und C Aufnahme gefunden haben. Also hat der Lohengrindichter dieses Räthsel L 24—25. 27 wie alle vorangehenden Strofen aus dem Wartburgkriege entlehnt, und so gewinnt man auch einzig und allein eine Erklärung, warum der Lohengrindichter an das Räthselspiel angeknüpft hat; wie er aber dazu hätte kommen sollen, dem Räthselspiele, das von Lohengrin gar nichts enthielt, das Räthsel L 24—25. 27 erst anzufügen und dann seine Erzählung daran anzuschliessen, ist auf keine Weise zu ersehen.

Es muss also angenommen werden, dass dem Schreiber C auf irgend welchem Wege die Strofe L 30 bekannt geworden war, während er von L 26 und L 29 nichts wusste: diese Strofe fiel ihm bei str. 79 = C 59 = L 21 ein, wo der Weggang der Landgräfin gemeldet wird, und er schrieb sie zwei Strofen später C 61, um den Zusammenhang unbekümmert, hinzu, weil er es für nöthig halten mochte, auch die Rückkehr der Landgräfin anzuzeigen.

Die letzte Strofe, die der Lohengrindichter aus dem Wartburgkriege entlehnte, ist demnach L 27. Mit derselben schliesst auch in J das Stück ab, nach J 102 folgt die Todtenklage um die Fürsten von Henneberg und von Thüringen, die ausser dem Tone mit dem Vorhergehenden nichts gemein hat. In C beginnt mit C 67 der Thüringer Herrenton von neuem, die davor befindlichen Strofen C 64—66 sind ohne Zusammenhang mit der besprochenen Reihe und wohl nur des gleichen Tones wegen hier angefügt; hinter C 63 standen aber in der Quelle von C nach obiger Ausführung noch L 24—25. 27, so erhalten wir also für diese Quelle die Endstrofe C 57 = L 27 = J 102, welche in L und J ebenfalls das Stück abschliesst.

Weiter unten wird sich zeigen lassen, dass auch der Anfang in allen drei Ueberlieferungen für diese Strofenreihe ein gleichmässiger ist; zuvor müssen die Ueberlieferungen L, J und C auf ihre Quellen zurückgeführt werden.

Das Verhältniss der Handschriften lässt sich nach den Lesarten genau bestimmen, obwohl nur zwölf Strofen in L, J und C gemeinsam erhalten sind.

Für J und C ist eine nähere Quelle anzusetzen, aus welcher L nicht abzuleiten ist:

L 9, 4—5.
 Ein quâter mit vier essen stât
 der iegelichez sine wirde sunder hât.
J 82, 5. der islich sin getzierde
C 45, 5. daz iegeliches sin gezierde.

Dass an dieser Stelle sine wirde d. h. „seine werthvolle Beschaffenheit", seine „Bedeutung" das Richtige ist, leuchtet ein; diese Lesart wird aber ausserdem noch gestützt durch L 12, 9 = J 85 = C 49, wo Wolfram mit Bezug auf L 9 sagt:

 Ich vreute mich daz ich die hohen wirde vant
hier haben auch J und C den richtigen Ausdruck beibehalten.

L 9, 7.
 Ein quâter ûf der drîen stât.
J 82 C 45 daz quater eine drien habet, (C hât).
Die Dreieinigkeit wird in diesem Rüthsel durch die Drei, die Zahl der vier Evangelisten durch die Vier auf dem Würfel bezeichnet, denn durch die Beziehung auf den Würfel allein erklärt sich die Verbindung der Drei mit der Vier. Auf diesem sind die Zahlen von eins bis sechs so angebracht, dass stets die Summe der Zahlen zweier gegenüberliegenden Seiten sieben ergibt, also stehen sich auf dem Würfel die Drei und die Vier entgegen. Demnach ist in L

der Ausdruck sehr passend: „die Vier steht auf der Drei" und ein Unkundiger hat ihn erst in der Quelle von J und C in das bedeutungslose: „die Vier hat die Drei" umgeändert.

L 13, 1—3.
Dû hâst Uranias genant
von dem Brandan helle und erde wart bekant
und allez daz der himel kan bedecken.

Durch Hölle, Erde und Himmel bezeichnet der Dichter das Weltall. Hier fügte ein Abschreiber das Meer unpassend ein:

J 86, 3 wach unde waz die himele mugen bedecken.

Dieses wach hielt der Schreiber von C für eine Interjection und so entstand daraus:

C 50, 3 wafena waz der himel kan bedecken.

An den drei angeführten Stellen zeigt sich deutlich, dass die Aenderungen in J und C aus derselben Quelle stammen; auch in seinen sonstigen Abweichungen steht C immer näher an J als an L und nur eine Stelle scheint eine Ausnahme zu machen.

L 8, 6: 3 = C 47.
her Satanas ob ich iu hie entwiche reimt auf riche, wogegen J 84 sol ich iu hie entwiche liest. Man könnte glauben, L und C hätten an dieser Stelle gemeinsam einen mitteldeutschen Reim beseitigt, der dem echten Gedichte ungehörte, aber L hat dieses Bestreben nicht, wie L 7, 7: 10 und L 17, 7: 10 zeigen, also ist an dieser Stelle der mitteldeutsche Reim unecht und erst durch den Schreiber der Jenaer Handschrift in die Ueberlieferung hineingebracht.

Es gehen also J und C auf eine gemeinsame Quelle x zurück, aus welcher L nicht schöpfte. x theilt nicht die Fehler von L die an folgenden beiden Stellen hervortreten:

L 19, 7 vier dinc hat er an in geleit bildet einen anstössigen Reim der Cäsur des siebenten Verses zum achten Verse daz du mir seist ir underscheit; jedenfalls hielt der Schreiber die Cäsur für den Schluss des Verses und machte deshalb geleit aus gewant, welches in J 89 und C 56 richtig bewahrt ist.

L 28, 7 leien munt ist hierher nur durch den Einfluss

von L 4,9 gekommen, leien kunst ist sicherlich die ursprüngliche Lesart, die J 94 und C 63 überliefern.

Demnach flossen L und x aus einer Quelle y, deren Inhalt sich nach Herstellung von x bestimmen lassen wird.

Da die Ueberlieferung unseres Gedichtes, je weiter sie sich von der ursprünglichen Quelle entfernt, desto mehr Zusätze erfahren hat, Auslassungen aber in den getreueren Handschriften sich wenige finden, so wird es gerathen sein, diejenigen Strofen, die nur in éiner Handschrift erhalten sind, so lange als Zudichtungen zu betrachten, als sich nicht der Beweis führen lässt, dass sie Anspruch auf Echtheit haben, sonach werden für x C 30. 40. 43—44 ebenso wenig anzusetzen sein als J 87—88 und J 95—99.

Nach Ausscheidung dieser Strofen bleiben für x, die Quelle von J und C, folgende Reihen bestehen:
1. L 1—7 = C 26—32, welche Reihe in J sammt dem Anfange der folgenden Reihe auf dem verlorenen Doppelblatte gestanden hat.
2. J ... 78—81 = C 33—39.
3. J 82—86 = C 45—50.
4. C 51—55. Diese Strofen fehlen in J, werden aber durch L 14—18 für y, die Quelle von x, erwiesen.
5. J 89—94 = C 56—63.
6. J 100—102, von denen C nur J 102 = C 57 erhalten hat.

Bezeichnet man die Strofenreihen von x nach den Handschriften, welche diese jedesmal am besten erhalten haben, so erhält danach x folgenden Inhalt: L 1—7. C 33—39. 45—50. 51—55. J 89—94. 100—102.

Ob in x die ersten sieben Strofen in der Fassung von L gestanden haben, oder ob schon die Ueberlieferung von C dort Eingang gefunden hatte, lässt sich nicht entscheiden, gewiss ist, dass die echten Strofen L 8—13 bereits durch die umgearbeiteten C 45—50 verdrängt waren.

Die Abweichungen, welche C von dieser Quelle zeigt, sind sämmtlich schon besprochen: der Schreiber übersah L 4 und ward durch Umstellung von J 102 = C 57 veran-

lasst J 100 und 101 auszulassen. C 30. 40. 43 —44 fügte
er ein.
Auch das Verhältniss von J zu x ist schon behandelt,
so weit es den Theil von J 78 an betrifft. C 48 ward vergessen, C 51—55 ausgelassen, vielleicht hängt dies mit der
Einschaltung von J 87—88 irgendwie zusammen, endlich
J 95—99 noch hinzugefügt.
In J fehlen, wie bereits bemerkt, die ersten zehn
Strofen der Quelle x. Da nun aber von J 78 = C 36 die
Quelle x bis auf die oben angeführten Abweichungen vollständig in J sich findet und vor J 78 nach obiger Angabe
ein Doppelblatt ausgefallen ist, so liegt die Vermuthung
nahe, dass auf diesem diejenigen Strofen gestanden haben,
die in x vor J 78 = C 36 vorausgehen, denn diese finden
sich sonst in J nicht und müssen an dieser Stelle erwartet
werden. Für einen Theil der Strofen in x ist diese Annahme bestimmt zu erweisen:
J 78—81 enthalten den Schluss des in C ganz überlieferten Räthsels von den beiden Königstöchtern, natürlich
hat also der Anfang desselben auf der letzten Seite des
fehlenden Doppelblattes gestanden: es sind dies die drei
Strofen C 33—35 und der Anfang von C 36. Da im Folgenden J und C neben einander herlaufen, so ist es im höchsten
Grade wahrscheinlich, dass das Räthsel von dem schlafenden Kinde auf der zweiten Hälfte des Doppelblattes gestanden habe, aber es ist zweifelhaft, ob in J dieses Räthsel so überliefert wurde wie in C, oder ob nicht darin die
ursprüngliche Gestalt desselben enthalten war; jedenfalls
wird es räthlich sein, den Fehler der Pariser Handschrift
nicht nach x zu übertragen, so lange nicht der bestimmte
Beweis dafür zu erbringen ist.
Von x unterscheidet sich y nur in der ersten Hälfte,
die der Lohengrin unverfälscht überliefert. Die ersten
Strofen des Lohengrin zeigen einen festen Zusammenhang,
die Handlung entwickelt sich auf naturgemässe Weise, und
jeder Zusatz muss daher auf die spätere Ueberlieferung zurückgeführt werden, welche zu Einschiebseln grosse Neigung

zeigt. Nach Auflösung des ersten Räthsels L 1—7 wundert sich Clingzor über Wolframs Scharfsinn und spricht die Vermuthung aus, dass dieser mit dem Teufel im Bunde stehe (L 8). Nun gibt er Wolfram ein zweites fast unlösbares Räthsel auf, und als Wolfram auch darauf die Antwort richtig gegeben hat (L 9—10), da ist Clingzor seiner Sache ganz sicher, und offen beschuldigt er Wolfram des Einverständnisses mit dem Teufel (L 11), den er aber durch seinen Helfer, den Teufel Nazarus zu besiegen hofft. Hierauf nennt Wolfram (L 12) laut seine Zeugen, die ihn wohl vor allen Teufeln sichern würden, und es beginnt dann der Kampf mit Nazarus, der L 14 selber auftritt.

In diesen Zusammenhang passt offenbar das Räthsel von den beiden Königstöchtern C 33—39 = J... 78—81 nicht hinein, besonders da es Wolfram aufgibt und Clingzor löst. Es kann aber überhaupt, wie Koberstein und Simrock ausgeführt haben, nach Räthsel L 1—7 und vor Strofe L 8 nichts ursprünglich mehr gestanden haben, denn diese hat nur dann einen Sinn, wenn sie zwischen dem ersten und zweiten Räthsel, die Clingzor beide aufgibt, zu stehen kommt, wo sie L richtig überliefert hat. An dieser Stelle konnte sie aber nicht bleiben, nachdem C 33—39 eingeschaltet war, denn diese Strofen gaben keinen Beweis von Wolframs Scharfsinn, und aus diesem Grunde nahm der Schreiber von x, wie es scheint, Anlass, L 8 hinter das zweite Räthsel im Lohengrin (L 9—10) zu setzen: hier aber ist die Strofe ganz überflüssig, da gleich darauf (L 11 = C 48) Clingzor die volle Gewissheit ausspricht, dass Wolfram in der Schwarzkunst gar wohl erfahren sei.

y enthielt also folgende Strofenreihen: L 1—7. 8—13. C 51—55. J 89—94. 100—102.

Von dieser Quelle weicht L, wie oben angeführt ist, durch falsche Stellung von C 54 = L 15 und J 94 = L 28, ferner durch Hinzufügung von L 26. 29. 30 ab, Auslassungen zeigen sich nicht.

Ziehen wir nunmehr die bisher übergangenen Ueberlieferungen zum Vergleiche heran.

Wb. Das Würzburger Bruchstück enthält sechs

Strofen, denen der Anfang und das Ende fehlt: J 78—80 = C 36—38 und J 118. 119 = C 41. 42 dazu den Aufgesang einer Strofe, die sonst sich nirgends findet. Der Text des Bruchstückes ist älter als der in x, wie zwei Stellen beweisen:

J 79 = C 37, 10.

J. Got schemet sich syn wes leben dar an vursteinet.
C. swes leben kan so versteinen.
Wb. a² swes herte (also hertze) also versteinet.

J 119, 8 = C 41, 8.

J. C. sie wisten einen trachen starc.
Wb. sie wisten einen trachen stan.

Da gezeigt worden ist, dass in y das Räthsel von den beiden Königstöchtern, von dem Wb. einen Theil enthält a¹— a², nicht gestanden habe, so werden wir also durch Wb. auf ein Zwischenglied zwischen y und x hingewiesen: z, in welchem C 39 = J 81 noch fehlte; diese Strofe ist wegen der anstössigen Verkürzung Ofterdinc als Reim auf sprinc als eine später zugedichtete längst erkannt worden. Durch z erfuhr die Gestalt von x eine Veränderung, denn das Zeugniss von Wb beweist, dass C 41. 42, das Räthsel von den verlockten Schafen, in x unmittelbar auf C 39 gefolgt sei, von dem C es durch Einschaltung von C 40 getrennt hat; in J wurde das Räthsel an dieser Stelle vergessen und zuletzt nachgetragen J 118. 119. Es ist sehr sonderbar, dass in allen unseren Ueberlieferungen nur Trümmer dieses Räthsels erhalten sind; vielleicht hat schon x nicht mehr als zwei Strofen davon gehabt, weil man keinen Grund finden kann, dass C nur die beiden Anfangsstrofen aufnahm, die in J sich ebenfalls allein zeigen; aber zu fester Bestimmung kann man hier nicht gelangen, da wir den Schluss der Jenaer Handschrift nicht kennen.

x umfasst nun also folgende Strofen:
L 1—7 C 33—39. 41 42 ... 45—50. 51—55.
J 89—94. 100—102.

B Das Büdinger Bruchstück gibt über das Verhältniss der Handschrift keinen neuen Aufschluss, da die fünf von ihm erhaltenen Strofen C 34—38 einen sehr engen Zusammenhang mit C zeigen, mit welchem sie aus einer Quelle herzuleiten sind, die schon sehr verderbt war. Beide Ueberlieferungen haben C 36 = B 3, 3 wochen riche statt wochen geliche, wie J und Wb richtig erhalten haben, ferner C 36 = B 3, 8 diz tragent die viere statt sus tragent, denn diz lässt sich mit die krone nicht verbinden, und C 37 = B 4, 6 ist auf gleiche Weise der mitteldeutsche Reim nzirkorne: dornen durch Aenderung in uzerkornen beseitigt.

Endlich kommt noch **die Kolmarer Handschrift** in Betracht, die unter den vielen Strofen des schwarzen Tones nur acht erhalten hat, welche in y gestanden haben müssen. J 100 = L 24 steht nicht in K, Simrock hat sich durch den gleichen Anfang dieser Strofe und der in K 703 d (= 689 b nach Simrocks Zählung) erhaltenen täuschen lassen: letztere ist eine Zudichtung zum Lohengrin, welche durch L 49 veranlasst worden ist; sie steht auch in der Reihe der Lohengrinstrofen in K, welche Handschrift 701 b—705 a die Strofen L 34—66 enthält.

In K finden sich also nur L 13 = K 700 b[4], am Schlusse eines Abschnittes eingetragen, und das Räthsel vom schlafenden Kinde unter der Ueberschrift: der see damm.

Der Text der Ueberlieferung in K ist mannigfach geändert und beweist nur, dass K die Lesart L 7, 10 sus kan ich vûrte in Rime vinden, die in C des mitteldeutschen Reimes wegen in sus waen ich dine rime vinde abgeändert wurde, noch vor sich hatte; man wird also die Anordnung L 7 L 6, da auch K diese zeigt wie C 31. 32, wohl auf x zurückzuführen haben, dessen Gestalt in diesem Räthsel sich nicht genau feststellen liess, da wir J nur durch Berechnung ergänzen können.

C 30 hat K nicht, dafür aber neben L 4 zwei Strofen eingeschaltet, die wie L 4 Wolfram zum Lösen des gegebenen Räthsels herausfordern, die erste findet sich auch am Schlusse der Pariser Handschrift C 89 als Nachtragsstrofe nach dem Thüringer Herrenton. An L 7 knüpft dann in K Wolfram eine Fortführung der Erzählung vom schlafen-

den Kinde, die sehr unpassend erscheinen muss: es lag dem
Zudichter daran, zu zeigen, dass der sündige Mensch durch
die Hilfe der Mutter Gottes auch in der letzten Stunde noch
gerettet werden könne, und so kamen diese beiden Strofen
hinzu, die in K nicht störend wirken, weil nach dem Rüthsel das ganze Stück abschliesst; es folgt darauf: ein par
von unser frauwen.

Innerhalb der angegebenen Strofenreihe bleibt also die
Gestalt von y so bestehen, wie sie durch den Vergleich
von L, J und C hergestellt worden ist: L 1—13. 14. 16—17
15. 18—23. 28. 24—25. 27, da weder die beiden Bruckstücke
noch die Kolmarer Handschrift eine ältere Ueberlieferung
voraussetzen.

Ausser diesen von L überlieferten Strofen haben die
drei Handschriften des Wartburgkrieges nur noch eine einzige Strofe gemeinsam J 110 = C 86 = K 666 d[1], welche aber
ohne Zweifel späterer Zudichtung angehört. Sonst stimmen
nur noch je zwei Handschriften zusammen und zwar in
Strofenreihen, welche dem echten Gedichte keinesfalls angehört haben; vgl. die angefügte Tabelle II. Hiervon scheint
allein C 89 = K 677 b[2] eine Ausnahme zu machen, welche
Simrock sammt der in C allein überlieferten Strofe C 90
vor den Anfang des ersten Rüthsels gesetzt hat und als
echt betrachtet. An dieser Stelle erscheint sie aber allein
in der ganz unzuverlässigen Ueberlieferung von K, die
Pariser Handschrift hat sie unter den letzten, überall zu-
sammengesuchten Strofen erhalten und stützt demnach
ihre Echtheit durchaus nicht: dass sie neben L 4 ganz
überflüssig ist, wird niemand bezweifeln, es ist demnach
C 89 als eine Zudichtung zu betrachten, die allerdings mit
mehr Geschick verfasst worden ist als sämmtliche übrigen
hinzugefügten Strofen.

Mit Ausschluss der in der Tabelle aufgeführten Strofen
gehen die Handschriften ganz auseinander, und es muss
deshalb von vornherein bezweifelt werden, ob noch irgend
eine Strofe aus J, C oder K als echt angesehen werden
dürfe. Die Richtigkeit dieser Annahme ergibt sich aus

einer Betrachtung der nur in einer Handschrift erhaltenen Strofen leicht: keine Strofe oder Strofenreihe lässt sich auffinden, für die es nur im mindesten wahrscheinlich zu machen wäre, dass sie in y bereits gestanden hätte und also von zwei Handschriften und dem Lohengrin übergangen wäre. Simrock hat J 27 als Anfangsstrofe unseres Gedichtes angesehen, weil diese in J unter den Noten steht: daraus erweist sie sich als Anfangsstrofe nicht so unbedingt, wie Simrock annimmt, denn warum sollte der Schreiber es nicht verstanden haben, jede beliebige Strofe unter die Noten zu schreiben? In K wenigstens sind die Noten einer ganz anderen Strofe, der auch in J erhaltenen K 666 n[1] = J 96, beigefügt. Aber mag auch J 27 schon in früheren Ueberlieferungen den Anfang eines Gedichtes gebildet haben, wofür ihr Inhalt zu sprechen scheint, so folgt daraus doch nicht, dass dies unser Gedicht gewesen sei, mit dem J 27 auch bei der Annahme, Clingzor aus Ungerland sei der darin auftretende Krämer, nur einen sehr losen Zusammenhang zeigt.

Es ist danach der Schluss zu ziehen, dass in y, der gemeinsamen Quelle aller unserer Ueberlieferungen, nichts weiter gestanden habe, als die Strofen, die der Lohengrindichter aus dem Wartburgkriege entlehnte: alle andern Strofen sind als Zusätze der Ueberlieferung zu betrachten, die erst nachher Eingang in den Wartburgkrieg gefunden haben.

Will man also das echte Gedicht herzustellen versuchen, so muss es auf Grund der für y angesetzten siebenundzwanzig Strofen geschehen, welche ein sehr verderbtes Abbild des ursprünglichen Gedichtes darbieten. Es scheint, dass L 27 der Anlass wurde zur Verstümmelung des Schlusses, der sich freilich nicht einmal errathen lässt: ausserdem aber wird man wohl noch L 20 und 21 als ein Einschiebsel in das echte Gedicht ansehen dürfen. Damit ist aber auch wohl alles gesagt, was über das echte Gedicht mit einiger Sicherheit noch sich angeben lässt, alles Weitere gehört in das Gebiet der Vermuthungen, für welche kaum noch ein Beweis sich wird anführen lassen.

Sollte es aber auch gelingen, auf irgend eine Weise zur Herstellung des echten Gedichtes vorzudringen, so ist doch dies mit Bestimmtheit zu behaupten, dass das alte Räthselspiel nur kurze Zeit seine ursprüngliche Gestalt bewahrt haben kann: als der Lohengrin gedichtet wurde, hatte es bereits diese Form, welche in y uns entgegentritt. Von y gingen dann die Ueberlieferungen des Wartburgkrieges einerseits aus, die im Laufe der Zeit zu dem wüsten Conglomerat der späteren Handschriften anschwollen, andererseits aber knüpfte daran der Lohengrindichter seine Erzählung des Lohengrin. So erklärt sich also das Verhältniss des Lohengrin zum Wartburgkriege auf eine ganz einfache Weise: der Lohengrindichter begieng kein „Plagium" an einem andern Werke seiner Zeit, dessen er sich schuldig gemacht hätte, wenn er einzelne Partien des Wartburgkrieges in sein Gedicht herübergenommen hätte, sondern er ist ein Fortsetzer des Wartburgkrieges wie diejenigen Zudichter, die neue Räthsel eingeschaltet haben. Allerdings entspricht seine Fortsetzung sehr wenig dem Plane, der dem ursprünglichen Räthselspiele zu Grunde lag, aber offenbar hängen der Lohengrin und das Räthselspiel doch noch enger mit einander zusammen als das Räthselspiel und das Fürstenlob, die, wie ich gezeigt zu haben hoffe, mit Unrecht von einander getrennt worden sind.

Clingzor.

S 29. L 1. C 26. K 677 a¹.

1. Ein vater sinem kinde rief,
vor eines sêwes tamme lac ez unde slief:
'nû wachâ kint, jâ wecke ich dich durch triuwe.
vûrwâr den wâc den dringet wint
unt kumt din naht sô vinster, wachâ liebez kint,
verliuse ich dich sô wirt mîn jâmer niuwe'.
dannoch daz kint slâfens pflac. hœrt wie der vater tæte:
er sleich nâch bî aldâ ez lac,
mit der hant gap er im einen besemen slac.
'nu wachâ kint, ja wirt ze dir ze spæte.'

S 30. L 2. C 27. K 677 a².

2. Dem vater was von schulden zorn,
von sînem munde schellet er ein hellez horn,
er sprach: 'nu lâ dich wecken tumber tôre'.
von rechter liebe im daz gezam,
daz er daz kint bî sînem reiden hâre nam
unt gap im einen backen slac bî ôre:
'ist dir dîn herze alsô vermost, ich muoz mich din enziehen,
kan dich min horn niht vûr getragen
noch der besemen slac den ich dir hân geslagen,
noch hilf ich dir, wilt dû dem wâg enflichen.

S 31. L 3. C 28. K 677 b¹.

3 Clingzor ûz Ungerlant mir jach:
   der vater wider zuo dem lieben kinde sach,
   sîu ougen er mit jâmer gein im wande.
   sîu gemûet das was im scharf,
   mit einem slegel er zuo dem lieben kinde warf,
   er sprach: 'mîn werden boten ich dir sande;
   Essydemôn ein tier dîn pflac, daz was gar sunder galle,
   dû vûr nam dû eins luhses rât,
   der dich in disen valschen slaf gedrungen hât.'
   dô brach der tam unt quam der sê mit schalle.

S 27. L 4 K 677 c².

4 Swer mir nû lœset disen haft,
   der hât in sîns herzen kunst guot meisterschaft,
   unt mir den sin gar eben kund ûz richten,
   der mûeste wol gelêret sîn.
   er möhte sanfter vinden vürte über Rin,
   er wær ein meister unde kunt wol tihten.
   doch wær ich gern unt möht ez sîn dâ ouch ein meister
   man saget von dem von Eschenbach [wære.
   unt git im pris daz leien munt nie baz gesprach:
   her Wolveram der tihtet guotiu mære.

Wolfram.

S 32. L 4. C 29. K 677 d¹.

5 Clingzor ich lœse dir den knoten.
   nu dol daz, wîser meister, durch die zwelf boten,
   ob ich in dînes sinnes wâc iht schepfe.
   verwirre ich mich in dînen hamen,
   dîn strâfe dult ich gerne, meister, sunder schamen,
   nu lache, ob mîn tumpheit iht beklepfe.
   hœret wer dem kinde rief, Altissimus der starke,
   ein ieglich sûnder ist des kint,
   gotes horn die wîsen meisterpfaffen sint.
   sus swebt ûf dîner künste sê mîn arke.

S 34. L 6. C 32. K 678 a¹.

6. Nu hœrt ob ich iht kunde spehen 1
den besemen slac: got lât an vriunden dir geschehen
grôz herzen leit, daz ist sin êrstez strâfen.
bistu an bezzerunge schiech, 4
geloube mir, er læt dich selben werden siech.
wilt dû iht mêre in den sünden slâfen,
des slegels wurf, daz ist der tot den er danne an dich sendet. 7
biht unde riuwe er an dich gert
von rehtem herzen, wirt er der beider niht gewert,
din helle pin ist immer unvolendet.

S 35. L 7. C 31. K 677 d².

7. Sint mir die sinne in herzen zam, 1
sô wil ich dich bescheiden umbe des sêwes tam:
daz ist diu zît die got dir hât gesprochen.
verwürkest dû die selben zît, 4
geloube mir ân aller slahte widerstrît,
sô hâst dû selbe dir den tam zerbrochen.
der wâc sint diniu kumenden jâr, die tage daz sind 7
din engel was Essydemôn, [die winde,
der luhs den tiuvel diutet, der dir sûren lôn
wil geben. sus kan ich vürte in Rîne vinden.

Clingzor.

S 36. L 8. J 84. C 47.

8. Ich wil gelouben daz den list 1
diu engel vinde oder der tiuvel in dir ist.
hœr an, getriuwer Dürengenvürste rîche,
ich wilz auch allen pfaffen klagen 4
daz sie dem bœsen geiste argen willen tragen.
her Satanas, ob ich in hie entwîche,
daz kan sô balde niht geschehen. swie gern ir mich wolt 7
ir müezet rûmen mir daz vaz. [krenken,
wolt ir in mînen wâc iht waten vürebaz,
ich vinde in noch daz iuch ze grunt kan senken.

S. 105. L. 9. J. 82. C 45.

9 Nû sage mir meister sunder haz,
 wâ windet gotes tougen daz man nicht vürbaz
 gesuochen tar, swer blîben wil bi sinne?
 ein quâter mit vier essen stât,
 der iegelichez sine wirde sunder hât,
 nû merke wiech dirz halbez sagen beginne:
 ein quâter ûf der drien stât, sô heldet ez die drîe.
 swer nû dâ vürbaz sinnen wil,
 sô mac der ham im rizen ûf des hirnes zil
 unt blîbet doch vor witzen gar der vrîe.

Wolfram.
S 106. L 10. J 83. C 46.

10 Sone hiez ich nimmer Wolveram
 kunde ich diniu wilde wort niht machen zam.
 waz hulf mich sannde Brandan danne der wîse,
 der in daz vinternisse quam
 und der daz buoch von eines ohsen zungen nam,
 den selben ohsen zeinem esse ich prîse.
 daz ander esse ist ein lewe, vil eben dû daz merke,
 daz dritte ein are, daz ist mir kunt,
 daz vierde ein mensche, ich rüere an dînes sêwes grunt,
 unt schatt doch gote nicht an sîner sterke.

Clingzor.
S 107. L 11. C 48.

11. Swer dich nû hât in leien pfliht,
 Wolveram, der waltet guoter witze niht:
 diu kunst von Astromy ist dir gemeine.
 wilt dû dichs gein mir niht erbarn,
 Nazarus des tiuvel muoz ez mir ervarn
 noch hint, swâ er dich vindet alterseine.
 sam mir Jêsus der megde kint, von Dôlêt ich in bringe
 und ob er wær in Aviant,
 er tuot mir dîne kunst von grunde alle bekant.
 hüet dich vor im, mit im ich wol gedinge.

Wolfram.
S 108. L 12. J 85. C 49.

12. Ich Wolfram muoz mich des bewegen
waz du und dine tiuvel künste mugent pflegen,
die bring alher, sô wil ich daz beziugen
daz ich daz quâter rehte vant.
Aristotiles der sî mîn ziuc genant
und Daniêl dâ mite ich nicht entringe.
Uranias der nam daz buoch Brandan ûz sîner hende,
dâ von quam ez in Schottenlant.
ich vreuwet mich daz ich die hôhen wirde vant.
er zage der hie den rücke vlühtic wende.

Clingzor.
S 109. L 13. J 86. C 50. K 686 d².

13. Dû hâst Uranias genant,
von dem Brandan helle und erde wart bekant
und allez daz der himel kan bedecken,
ein engel brâht dem wîsen man
daz buoch dâ von er manic herzen swær gewan,
do er gelas die schrift an einem ecke.
er zêch den engel und daz buoch gar trügehafter mære,
vor zorne warf erz an die gluot,
der engel sprach: 'sint daz dîn ungeloube tuot,
dû muost ez wider holn mit maneger swære.'

Nazarus.
S 110. L 14. C 51.

14. Nû sage mir, hâst dû meisterschaft,
wie daz firmamentum mit sô hôher kraft
gein den planêten siben möge kriegen,
oder wie der Pôlus articus
stât und der hôhe meisterstern Antarticus?
nû sage mir, zwâr dû kanst mich niht betriegen,
Saturnus swenne der ôsten stât, waz diutent uns die
kanst dû mir einez der gesagen,   [wunder?
mîne müe die wil ich gar gein dir verdagen,
sint ich dirz allez hân genant besunder.

Wolfram.
S 111. L 16. C 52.

15. Mir ist niht kunt ir underscheit, 1
   daz dû mich drumbe vrâgest vil, daz ist mir leit,
   vürwâr ich weiz niht rehte waz ir meinet.
   in weiz waz ôsten westen stât 4
   wâ ieglich stern nâch sînem zirkel sunder gât:
   der sie beschuof, der hât ir ganc vereinet,
   planêten kraft, der sterne louf, des firmamentum klingen. 7
   ich weiz der alle dinc vermac,
   der hât gezirkelt beide naht und auch den tac.
   daz mac ein drie wol ze einem esse bringen.

Nazarus.
S 112. L 17. C 53.

16. Waz woldest dû mich her gemüet, 1
   Wolveram, sihst dû wie mir daz leben glüet?
   ruort ich den Ensenberc in disem zorne,
   der müest zu üseln werden gar. 4
   sint ich von dînen schulden alsô irre var,
   mac ich, sô bist dû von mir der verlorne.
   dû bist ein leie, snippensnap an diese want ich schribe. 7
   Clingzor lâ die meisterschaft,
   gemüet er mich her wider mêr mit wortes kraft,
   dir möhte lieber sin mîn dort beliben.

Wolfram.
S 113. L 15. C 54.

17. Umbe dine müe ist mir unkunt, 1
   ich enruoht ouch ob dû wæres an des meres grunt,
   daz ich dich nimmer mê gesæhe mit ougen.
   an dem daz firmamentum stât 4
   und alle dinc mit sîner hant beslozzen hât,
   der schirme mich vor dir durch sîniu tougen.
   din kumen ist mir unmâzen leit, daz ziuch ich an die hêren, 7
   diu den gebar, der sie beschuot
   und uns erloste von der helle mit sînem ruof,
   Maria maget, ruoch uns von sünden kêren.

S 114. L 18. C 55.
18. Wolfram daz krinze vûre reiz, 1
der tiuvel vuor enwec, vor zorne wart im heiz,
er îlt von dan, niht lenger er dâ beite.
er vuor gein Clingezore sân: 4
'bi dem ich was, der ist ein engestlicher man,
er streich vür sich die lenge und onch die breite:
davon kum ich nimmer dar, swie ich halt müge gedingen, 7
dû muost selbe zuo zim varn.
erst sô kluoc dû kanst dich nüelich des bewarn,
dir müeze nu dinen êren misseliugen.'
Clingzor.
S 75. L 19. J 89. C 56.
19. Nigramanciam weiz ich gar, 1
Astronomie nim ich nu den sternen war.
vind ich Clamauîe in rehter ahte,
sô kan ich singen unde sagen 4
daz allen meisterpfaffen müeze wol behagen,
unt wie Altissimus Lucifern mahte.
vier dinc hât er an in gewant, wilt dû dich des beheften 7
daz dû mir seist ir underscheit,
sô hât got vil grôzer wirde an dich geleit
und bist ein meister wol mit sinnes kreften.
Wolfram.
S 81. L 27. J 102. C 57.
20. . . . .
. . . .
. . . .
. . . .
. . . .
Altissimus Lucifern machet von vier winden:
er gab im Aquilôncn art
mêr danne keines dû von er hôchvertic wart.
hœr Clingzor, ob ich kan dîn wunder vinden.

Clingzor.
S 76. L 20. J 90. C 58.

21. Der meister wenic ist bekant, 1
dem ez si kunt, wan einer ist in Kriechenlant,
der ander in der Babylônie riche.
in Ungerlant enist er niht,
wan ich hie bin: min herze mir gein Paris gilt,
dâ si ein meister der si mir geliche.
des poten ich zuo des wirtes maget mit worten hân 7
des twanc ich in wol zuo vüuf tagen, [gebunden.
ir singen was unmâzen spæhe und ouch ir sagen.
nû var er hin, sie hât ir nôt verwunden.

S 77. L 21. J 91. C 59.

22. Dô sprach der edel vürste wert: 1
diz wil ich selbe schouwen: bringet uns diu pfert,
ich mac dekeines boten dar umbe erbiten.
ist sinnec wol des wirtes maget, 4
swaz uns der Clingzor wunders immer mêr gesaget,
dar wider wil ich nimmer wort gestriten.'
diu vürstin sprach: 'ich wil ouch dar, hân wir die 7
an der selben maget verlorn, [gemeliche
sô muoz mir ûf Clingzorn lange wesen zorn.'
sie gienc hin abe mit vrouwen tugentriche.

Clingzor.
S 78. L 22. J 93. C 62.

23. Nû merket wârheit unde sin, 1
daz ich von hôher kunst ein meisterpfaffe bin,
ûz zweinzec künicrichen her gepferret.
nû twinget mich ein leie des 4
des kunst ich verrer suoche danne ein Hercules,
wan sin bescheiden mine vrâge derret.
ich wolt ir alles sinnes wâc mit miner kunst erschepfen. 7
ich sach doch einen sigelôs
der den buckelære vür den schilt erkôs,
swie daz sin swert sô hôhe kunde kepfen.

S 79. L 23. J 93. C 62.

24. Heinrich von Ofterdingen hât
den schilt an mir, swer nû mit buckelnren stât
er mac doch eine schanze wol versehe.
der Schriber und der Biterolf
die sæhen lieber bi in einen wilden wolf,
so ist der Walther in der selben spehe.
Wolfram von Eschenbach der ist ir buckelære
der schirmet wol vür swertes snit:
sô kan ich kunst, dâ vûrent riutelinge mit,
und ist ir smalez schirmen in ze swære.

Wolfram.

S 80. L 28. J 94. C 63.

25. Swer wirfet riutelinge scharf
ûz künste schilte, sam der Clingzor zuo mir warf
und ich des ungeschrôten von im blîbe,
sô daz mîn sin im kreize stâ,
min ûf geworfen kunst mit suoche gein im gât,
ob ich in einen vuoz dan hinder trîbe,
swie daz von leien kunst geschiht, des hât ein pfaffe
ich wilz durch diutsche priester lân.   [schande.
min sin was hôhe enspruogen der muoz lise gân,
durch daz mans iht ervar in Ungerlande.

S 83. L 24. J 100.

26. Feliciâ, Sibyllen kint,
unt Jûnô mit Artûs in dem gebirge sint,
die habent vleisch sam wir und ouch gebeine:
die vrâgt ich wie der künic lebo
Artûs und wer der massenie spîse gebe,
wer ir dâ pflege mit dem getranke reine,
harnasch, kleider unde ros. sie lebent noch in vrœche.
die gotinne bringe her vür dich,
daz sie dichs underscheiden, sam sie tâten mich
daz dir iht hôher meisterkunst gebreche.

S 84. L 25. J 101.

27. Feliciâ ist noch ein maget,   1
bî der selben wirde hât sie mir gesaget,
daz einen abt in dem gebirge sæhe.
des namen hât sie mir genant: 4
tæt ich sam, er wær in allen wol bekant,
der schreip mit sîner hant vil gar die spæhe,
wie Artûs im gebirge lebe und sîne helde mære,   7
der sie mir hundert hât genant
die er mit im vuorte von Britanjenlant:
sie sint dekeinem vilân sagebære.

S 86. L 27. J 102. C 57.

28. Sybillen kint Feliciâ   1
unt Jûnô die sint beide mit Artûs aldâ,
diz hat mir sante Brandan wol bedintet.
der Clingzor tuot uns niht bekant,   4
wer si der kempfe den Artûs habe ûz gesant,
er seit ouch niendert wer die glocken liutet.

. . . . .
. . . . .
. . . . .

Lesarten.

Ueberschrift in A: hie hebet sich an Lohengrin daz buoch. In C: hie ist Klingzor komen unt singet er unt der von Eschenbach wider einander unt vahet daz Klingzor an unt singet disiu driu lieder diu hie nach geschriben stant.
1. Die ersten sieben Strofen fehlen in J. 2. sebes A. lag C. 3. wache BC. 4. den wag B. disen se den tribet w. C .5. so fehlt in L. so kumt diu naht gar vinster C. 6. verlus B. verlüre C. 7. d. kint des slafes pflac C. hörent C. 8. sl. im bi A. noch by B. sl. hin naher da ez C. 9. besem L. mit einer C. besmen C. 10. wnche A. ze fehlt A. er sprach nu wache kint ez wirt ze spaete C.
2. 1. dem vater wart C. 2. uz s. m. erschalt er da C. 3. tummer A. er sprach nu wache noch ein t. t. C. 4. da von sin zorn im wol gezam C. 5. daz kint er bi sim reiden valwen hare nam C. 6. er gab im e. baggensl. anz ore C. ime L. 7. er sprach din herzo ist dir vermost C. 9. besem L. und ouch der besme da mit ich dich habe g. C. 10. nach A. wage B. enpfliehen C.
3. 1. Clingzor L. Clinsor C. 3. mit jamer er diu ougen gein im wunte C. 4. da von wurt sin gemüete scharf C. 6. er sprach nim war den botten ich C. 7. Aeszydemon A. Essydem B. Ezydemon C. 9. slaf gedrunget A. in disem valschen sl. betrogen hat B. 10. kam BC. sus brach C.
4. Diese Strofe fuhlt in C. 3. konde uz A. 5. senfter B. 6. wero kond L. 9. gibt im B. 10. Wolferam L. d. dihter B.
5. 1. Clingezor A. Clingesor B. Klinsor C. knotten C. 2. nu dulde ichz (ichs B) w. m. L. zwelfpoten A. 3. sinnes sewe C. 4. ham L. in disem h. C. 5. scham L. din strafe wil ich dulden m. C. 6. lach L. nu lache ob mich min t. hie b. C. 7. hœrt wie er L. ich sage dir wer dem k. r. C. 8. ist das kint C. 10. in diner k. C.
6. 1. iht fehlt B. hœre o. i. i. künne C. 2 .besenislac L. bescheben C. 3. herzeleit C. erste L. 4. wirstu an L. an besser im geschicht B. 5. dich smlden L. den baggenslac den merke du wirst selber niech B. 6. ze lange in dinen s. C. 7. der sl. w. A. 8. und L. riuwe und bihte er von dir gert C. er fehlt B. 9. er in A ist erst später hinein geschrieben. wirt er der beider vollecliche n. g. C. 10. unverendet C.
7. 1. im herzen C. 2. ich dir b. von des C. sebes A. 3. ein zit daz dir got hat C. d. ist die zil L. 4. v. aber du din zit C. 6. selber C. zubrochen A. 7. dine kunden j. d. t. d. s. die winden L. der se sint dine komenden jar din tage das sint die winde C. 8. engel ist C. 9. tiefel C. 10. sus konst furt im r. B. kan geben sus wæn ich dine rime vinde C.
8. 2. ein engel JC. oder daz dor LJ. vindet alde der t. C. 3. Durgon fursten B. nu hore getruwer duringer vurste riche J. nu hœre von D. v. r. C. 5. die dem argen geiste übelen w. tr. J. Die den übelen

geisten argen w. tr. C. 6. sol ich û hie entwiche J. Sathanas C.
7. Daz mac so balde nicht geschen wie gern ir mich vurkrenket J.
doch balde C. nu krenket C. 8. muozen J. 9. welt ir in minem
wage C. Wadet ir in myne kunst icht vuorebaz J. watten B. 10. in
fehlt JC. uch tzuo grunde senket JC.
9. 2. wo windet g. t. niemant fure baz L. wa wendet daz man
g. t. nicht vurebaz J. wan vindet daz man g. t. vûrebaz niht suochen
sol C. 3. gesuochen sol J. wesen wil C. 5. sine wurde B. der islich sin gelzierde wol besunder hat J. daz iegelichez sin gezierde
sunder hat C. 6. halbes B. wie ich iz halbez sage J. nu hœre
wie ich dis C. 7. die fehlt L. Daz quatter eine dryen hat unde
heldet ez J. Daz qu. eine dr. habet so holtet C. 8. da nu J. 9. Dem
mac d. h. wol risen C. Dem muoz der hame brechen of des hirnes
zil J. 10. und wirt von allen w. C. unde wirt vuor allen w. J.
10. 1. Done heiz ich nynder J. So hiez ich niender C. niemer B.
2. konde B. wilden A. unkund ich dyne wilden J. unt kûnde C.
3. hilfe mich dan sant Br .d. w. B. waz hulfe sunte br. mich d. w. J.
w. bûlfe saute br m. C. 4. vinsternusse L. in der vinsternusse B. din-
sternisse J. 5. wen her daz J. zunge C. 6. den ohsen ich tzuo einem
esse pr. J. d. o. ich dir zeinem e. pr. J. zu einem L. 7. ess L. es
daz J. lewe ob ich iz rechte merke J. 8. nr JC. 9. viert L. ruore J.
sees A. 10. schadt B. schat C. scadet J.
11. fehlt in J. 1. dich wil haben in leigen C. 2. der hat der
rehten w n. C. 3. Astronomie diu ist dir geneme C. 4. dichs niht
gegen mich enbarn C. 5. Nasyon d. t. m. mirz doch e. C. 6. nach
hiut A. noch hinabt swenne er v. dich aleine C. 7. sommir Jesus d. m.
sun von Tolus C. 8. ald ob e. w. i. Kriechenhant C. 9. din L. er t. mir
alle dine k. v. g. erkant. C. 10. nu hûete dich swie ich mit im gedinge C.
12. 1. Wolveram muoz mich b. J. 2. tiubele JC. swaz du und
din tiuvel k. kunnest pflegen L. gephlegen J. 3. bringe her ich wil
alhie betzuge J. d. bringe her wan ich alhie beziuge C. 5. ist min
tzuch J. Augustinus der si mîn geziuc benant J. 6. ich nenan truge J.
mit dem ich n. entr. C. entrugen L. 7. Origenes J. brandane J.
Jeroninus C. Prandan L. 8. ez kam C. 9. vreuwete mich des daz J.
10. her tzage swer hie J.
13. 1. Du has Origenes J. Jeroninus C. 2. Prandan L. Da
mite br. JC. 3. wach unde waz die hymele nnigen b J. wafena waz
der h. C. 4. gab C. 5. ein booch C. her manige hertze leid g. J.
manic herzeleid C. 6. an einen ecken A. won (do C.) her die schr.
gelas an einer ecken C. 7. trugelicher J. 8. Von tzorne J. in die
gl. C. 9. sit B. ez din die din C. 10. menige A.
14. Vor dieser Strofe steht in C: Hie mite waren sie des tages
gescheiden unt kam der tiuvel Nasion unt sanc diz liet. Str. 14—18
fehlen in J. 1. mir fehlt C. 2. firmamente mit vil h. C. 3. gein don

siben pl. L. geiu den planeten allen wil gokr. C. 4—5. und der Polus
antarticus darzu der h. m. Antribilus C. 6. mir war du C. 7. wan
der ost L. waz dütet uns ain C. 8. kunst du der einez mir g. C. 9. min
müien wil ich C. 10. sit ich B. wand ich C.
 15. 2. daz ir mich dr. fraget vil d. is m. l. A. 4. ich w. w. L. Diese
Strofe weicht in C sehr ab:
 Wolframes zorn was so bereit
 daz in der tiuvel muote vil daz was im leit
 er sprach iu weiz niht waz diu vrage meinet
 ich enruoch wiez osten westen stat
 in weiz wie iegelich stern nach sinem zirkel gat
 der si geschuof der hat ir ganc vereinet
 klinsor hat dich har gesant mit siner zauberie
 diu wunder die du hast genant
 die sint so hoch daz sie mir gar sint unbekant
 daz waltet ganz ein kwater uud ein drie.
 16. Vor dieser Strofe steht in C: Do sprach der von Eschenbach:
in kan dir sin niht gesagen, des wart der tiuvel zornig unt sanc aber
diz liet. 1. gemuget B. Dur waz hustu mich C. 2. W. nu sich her
wie min leben gl. C. 3. Enzenberc C. 4. er müest C. 5. ob ich iht nie vor
d. sch. i. var C. 6. so wirst du C. 7. ich schriben L. du liet wil ich
hie schriben C. 8. Clingezor L. la Clinsor sine m. C. 9. muejet er
mich her mit sines w. kr. C.
 17. 1. mueie C. 2. ouch fehlt L. enruch B. werest B. 3. daz
dich gesahen niemer me min ougen C. 4—5. der daz firmament ge-
lazzen hat und in des hant gar ellin dinc beslozzen stat. C. 6. be-
schirme A. mit siner tougen C. 8. geschuof C. 9. vnd lost uns von der
helle mit sines todes ruof C. 10. schulden C.
 18. 1. furreiz C. ein kr. vür sich. C. 2. vuor sin wec v. z. was C.
3. er furdert sich niht l. C. 4. ze Cl. C. 5. da ich du was daz ist C.
7. dar umbe k. i. niht mero dar wie ich mit dir gedingen C.
8. muost dar selbe C. 9. dich niemer des C. 10. d. muz C.
 19. 1. Die nygramanzie w. J. Nigromanzie erkeuno ich g. C.
2. der astr. J. 3. Klamenye C. Clamaney A. 4. so kan (kunde C.) ich
wol die wahrheit sagen JC. 5. alle m. muoste w. b. J. behahen A.
6. uut fehlt JC. 7. an in bewant C. an in geleit L. behefte J. 8. sages
9. v. hohe wirde an C. got hoher selden vil J. 10. unde hist in
aller meisterpfaffen krefte J. u. b. in hoher kunst mit meisters kreften C.
 20. 7. Altissimus der worchte luciferen v. v. w. J. A. Luciferum
geworht hat uz v. C. 9. mer danno keinem L. 10. klynsor nu hore ob
ich diu wunder vinde J. her kl. scht sus kan ich w. v. C.
 21. 1. D. m. i. mir nicht b. J. wening ist benant C. 2. wen einer J.
den ez ist kund C. 4. ist ir nicht J. dan ist ir n. C. 5. wan ich
bin hie JC. 6. der sich mir JC. 7. bote J. botten C. zuos wirtes
C. 8. Du her unz an den riunften tagen J. vünf tage muoz er da be-

dagen C. 9. sane L. Sie kunde uns manige spche singen unde sagen J. Der lert si manige wisheit singen unde sagen C. 10. so vert er hin so hat siz überwunden C.

22. 2. bringent C. 3. Ichne nmc dickeines b. d. umme irbeiten J. erbitten: gestritten L. boten drümbe C. 4. sinnic L. sinnich J. 5. Swaz mir d. Kl. wunder ymmer me g. J. Swaz mir d. Kl. iemer wundern danne ges. C. 6. so wil ich niemer tae da wider striten C. 8. Gar an der J. An des wirtes m. C. 9. Des muoz mir of den Klynsor J. 10. tugenden riche J. tugenden richen C.

23. 1. Nu set ir w. J. Nu hörent w. C. 2. von hoher pfaffen kunst ein meister bin J. hoher künste C. 5. dan B. in Hercules L. die kunst J. wen in er cules J. 4—5. nu tuot ein leije mir bekant solhe kunst den ich hie suoche in Düringenlant C. 6. daz sin b. C. Swie sin b. J. vrage verret J. 7. ich wil erschöpfen: köpfen C. 8. sach ir einen C. 9. pukelære L. 10. swie doch syn JC. gar hohe JC. köpfen C.

24. 1. Oftertinge C. 2. pukelæren L. an mir den sch. swer mit dem bukelere gat J. buggeleren C. vuorsehe J. vormellen C. daz er im wol ein schanze übersahe L. 4. der vor Biterolf fehlt JC. 5. gerner JC. 6. denne mich so ist W. J. dannoch wil W. sich zuo zin gesellen C. 7. her Wolveram J. ist ir aller C. pukelære L. 8. snite J. 9. Nu (so C.) weiz ich k. da vliegent r. mite JC. rückelingen B. 10. undo i. i. smale (smalen C.) schirme gar JC.

25. 2. alsam J. 3. unverschroten J. 4. der sin in kr. J. in L. 7. leien munt g. L. mac daz von leien kunst geschehen C. 8. durch diudische pfaffen J. 9. ho in sprunge J. hoch in sprungen C. sanfte J. manz J. iht verneme C.

26. Diese und die folgende Strofe fehlen in C. 2. junas L. Juno die J. in dem berge J. 3. vraget J. kuninc J. 6. m. d. trnnke r. J. 7. undo auch die ros. 8. gotynn B. 9. daz sie dir berichte sam sie tete mich J. dich sunder scheiden A. 10. Oder dir muoz hoer meister kunst g. J.

27. 3. daz sie eynen abbet in dem berge J. duz sie L. 5. tæt ich ü sam. 6. her scrieb J. 7. in dem berge J. un ouch der belde mere J. 10. die synt die keynen J.

28. 2. Junas L. arthuse da J. 3. suute Br. J. als mir nu C. 4. tuot mir J. tuot uns unbekant C. 5. umbe den boten den A. C. hette uz g. J. 6. hie ensaget ouch uynder J. unt saget uns niender C.

Darstellung

des

Handschriftenverhältnisses:

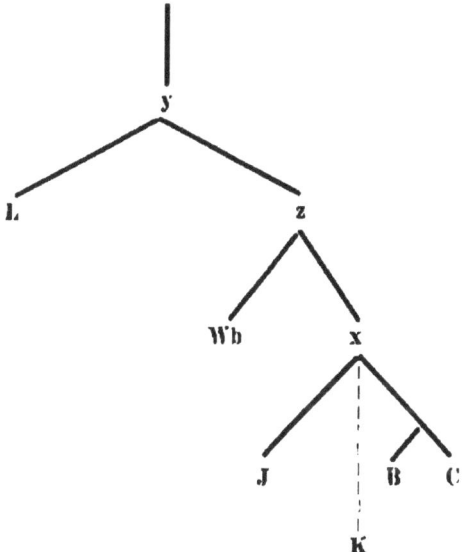

I. Tabelle.

W	S	L	J	C	Wb	B	K
1	29	1	—	26	—	—	677 a^1
2	30	2	—	27	—	—	677 a^2
3	31	3	—	28	—	—	677 b^1
4	27	4	—	—	—	—	677 c^2
5	32	5	—	29	—	—	677 d^1
—	33	—	—	30	—	—	—
6	34	6	—	32	—	·	678 a^1
7	35	7	—	31	—	—	677 d^2
	37	—	—	33	—	—	—
	38	—	—	34	—	1	—
	39	—	—	35	—	2	—
	40	—	78	36	a^1	3	—
	41	—	79	37	a^2	4	—
	42	—	80	38	a^3	5	—
	43	—	81	39	—	—	—
	102	—	—	40	—	—	—
	44	—	118	41	b^1	—	—
	45	—	119	42	b^2	—	—
	46	—	—	—	b^3	—	—
	103	—	—	43	—	—	—
	104	—	—	44	—	—	—
8	36	8	84	47	—	—	—
9	105	9	82	45	—	—	—
10	106	10	83	46	—	—	—
11	107	11	—	48	—	—	—
12	108	12	85	49	—	—	—
13	109	13	86	50	—	—	686 d^2
14	110	14	—	51	—	—	—
15	111	16	—	52	—	—	—
16	112	17	—	53	—	—	—
17	113	15	—	54	—	—	—
18	114	18	—	55	—	—	—
	69	—	87	—	—	—	—
	70	—	88	—	—	—	—

.H	S	L	J	C	Wb	B	K
19	75	19	89	56	—	—	—
21	76	20	90	58	—	—	—
22	77	21	91	59	—	—	—
23	78	22	92	60	—	—	—
24	79	23	93	62	—	—	—
25	80	28	94	63	—	—	—
	71	—	96	—	—	—	666 a^1
	72	—	95	—	—	—	666 a^2
	73	—	98	—	—	—	—
	74	—	97	—	—	—	—
	82	—	99	—	—	—	—
26	83	24	100	—	—	—	—
27	84	25	101	—	—	—	—
	85	26	—	—	—	—	—
20.28.	86	27	102	57	—	—	—
	87	29	—	—	—	—	—
	88	30	—	61	—	—	—
	67	—	—	64	—	—	—
	68	—	—	65	—	—	—
	101	—	—	66	—	—	—

II. Tabelle.

Uebersicht der Strofen, die ausser den in der ersten Tabelle aufgeführten in mehreren Handschriften überliefert sind.

S	J	C	K
26	—	89	677 a^2
29	—	91	676 c^2
55	51	—	685 d^2
56	52	—	686 a^1
57	53	—	686 a^2
58	54	—	686 b^1
59	55	—	686 c^1
60	56	—	686 d^1
62	58	—	686 b^3
63	59	—	686 b^2
115	30	—	684 c^2
116	31	—	684 d^1
117	32	—	684 d^2

S	J	C	K
118	33	—	685 a^1
119	34	—	685 a^2
120	35	—	685 b^1
121	36	—	685 b^2
122	37	—	685 b^3
123	38	—	685 c^1
124	39	—	685 c^2
125	63	—	684 a^2
126	64	—	684 b^1
127	65	—	684 b^2
128	40	—	685 d^1
142	109	85	— —
143	110	86	666 d^1

Ich, **Ernst Rudolf Schneider,** ward am 12. August 1852 in Mühlberg an der Elbe geboren. Mein Vater, ein Kaufmann im genannten Orte, schickte mich bereits in meinem siebenten Jahre nach Halle, wo ich die Elementarschule und später die „lateinische Schule" besuchte. Nach anderthalbjährigem Aufenthalt in einer Privatanstalt kam ich Ostern 1865 nach der königlichen Landesschule Pforta und blieb dort bis Michaeli 1870. Auf Grund einer königlichen Ordre wurden meine gleichaltrigen Mitschüler und ich ein halbes Jahr vor Ablauf der gesetzlichen Frist zum Abiturientenexamen zugelassen, und ich trat nach Absolvierung desselben am 15. September 1870 in das sächsische Infanterieregiment No. 107 ein: kurz nach meiner Rückkehr aus Frankreich wurde ich am 1. September 1871 aus dem Militärdienste entlassen und begann darauf meine Studien in Berlin.

Die Vorlesungen und Uebungen des Herrn Professor Müllenhoff regten mich zur Beschäftigung auf germanistischem Gebiete an, für welches Kobersteins Unterricht mir schon auf der Schule Neigung eingeflösst hatte. Ostern 1873 ging ich nach Leipzig und fand Aufnahme in die deutsche Gesellschaft des Herrn Professor Zarncke; Michaeli 1873 ward ich Mitglied des neugegründeten deutschen Seminars. Dem Leiter dieses Instituts, durch dessen Anregung ich zu weiterer Thätigkeit angespornt wurde und dessen liebevolle Theilnahme meine schwachen Bemühungen stetig unterstützt und gefördert hat, bringe ich hiermit meinen tiefstgefühlten Dank dar: möchte es mir gelingen, denselben späterhin besser zu bethätigen, als es mir bisher meine geringen und ungeübten Kräfte verstattet haben.